盛宣怀与晚清

招商局和电报局

盛承懋／著

招商局文库·研究丛刊

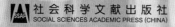

社会科学文献出版社
SOCIAL SCIENCES ACADEMIC PRESS (CHINA)

招商局文库总序

　　1872 年创立的中国第一家民族工商企业——轮船招商局是晚清洋务运动仅存的硕果，它发展至今天，已成为横跨金融、交通、地产等三大核心产业的企业集团。自创立以来，招商局与祖国共命运，同时代共发展，饱经沧桑，几度挫折，几度辉煌，生生不息，以它与中国近现代化进程和中国近代社会经济生活的紧密联系从一个侧面折射了中国社会一百多年来的发展历程，它在自身经营发展中的重大事件印证了中国社会发展的跌宕起伏、荣辱兴衰，也成为中国近现代史上的重要坐标。招商局史不仅属于招商局，也属于全社会。招商局的发展史，值得学术界不断地探寻和回视。因此，有些学者提出了"招商局学"概念，希望学术界努力使之成为中国近代史研究的一个分支学派。可以说，发展和繁荣招商局历史研究，是大家的共同心愿。

　　自 20 世纪早期开始，不少专家、学者潜心研究，陆续出版、发表了许多有关招商局研究的著述，新观点、新发现层出不穷。继承招商局金字招牌的招商局集团深刻认识到招商局厚重历史的社会意义，自觉肩负起社会责任，从 20 世纪 80 年代开始，积极组织、投入各方面力量，挖掘招商局百年历史，分别在 1992 年和 2007 年成功举办了招商局历史学术研讨会，在 2004 年成立了招商局史研究会，设立了招商局历史博物馆，在 2005 年开设了招商局史研究网，历年出版和赞助出版了多本招商局历史研究图书，出资拍摄了多部招商局历史题材专题片，鼓励和支持了院校普及招商局历史知识以及培养招商局历史研究人才，派员对散落在各地的招商局文献进行了调查和复制以及购买，定期公开了许多招商局馆藏招商局历史档案。我们不遗余力地做好这些工作，除了推动招商局自身的企业文化建设外，最重要的是为社会各界研究招商局史提供力所能及的帮助，为社会研究招商局历史服务。

2010 年，鉴于招商局历史研究的迫切需要和为了系统化地展示招商局历史研究的著述、文献史料，我们提出了出版"招商局文库"的设想，希望将以前历年来已出版的和今后将出版的有关招商局历史研究书籍以统一的版式集中出版。

社会科学文献出版社对我们的这一设想给予了大力支持，对如何建立"招商局文库"提出了具体的工作建议，并承担了出版任务。目前，"招商局文库"主要设有"研究丛刊"、"文献丛刊"两个系列。2012 年，适逢招商局创立 140 周年纪念，我们将集中出版一批学术论著和历史文献，以作为"招商局文库"的开篇。今后，"招商局文库"书籍将陆续与大家见面。

希望"招商局文库"书籍能为大家提供更好的帮助，并引起更多的专家、学者和社会人士对招商局及招商局历史研究的关注、支持。

招商局集团

2012 年 1 月

目·录

前　言

　　轮船招商局与中国电报总局是晚清洋务时期办得较为成功且影响较为深远的两家大型民族资本企业。二局的创办，都是为了抵御西方列强对我国的侵犯，试图在局部领域中挽回被列强夺去的利权。它们的创办与发展，标志着中国近代民族资本主义的兴起，直接为我国当时军事、经济、民生的发展与改善带来了一定的效益；继而推动了矿业、钢铁、造船、纺织、制造、军工、铁路等实业的建设与发展，促使中国近代产业的架构逐步趋于完善；并且使这种影响不断向金融、保险、服务、教育、文化领域扩展，为我国近代产业的发展奠定了基础。因而，对轮、电二局的研究实际上是对中国近代社会发展与产业发展研究的深入与细化。

　　轮、电二局的创办与早期发展不可能是一帆风顺的。西方列强的打压以及晚清制度的痼疾，为它们的成长设置了种种羁绊。企业领导人对现代企业制度的性质、机制、组织形式等认识的缺失，必然会使企业走很多弯路。再加上缺少资金、技术、人才，以及受政治、社会、经济发展水平的制约，它们的发展过程比一般的企业更为艰难与复杂。因此，通过对它们的研究，进一步认识企业发展环境对企业成长的重要性，对于打造当代企业与企业家健康成长的环境，是十分有益的。

创办之初，轮、电二局在与西方列强斗争的同时，又不得不向他们购买较为先进的轮船、电信器材以及相关的技术，聘用他们的技术人员来为己服务，甚至按照他们的技术文本来操作。在当时的背景下，通过照搬与学习消化，我国最早的经营、管理与技术队伍逐渐形成。这些做法对我们不断总结近四十年来，引进国外先进技术与经营方式，形成中国自身领先于世界的技术、管理与产业格局的经验教训，也是具有启发意义的。

轮、电二局的创办与早期发展，与我的曾祖父、中国近代实业家盛宣怀，是密切相关的。他一生创办了众多实业，但是其中时间最长、在中国近代产业发展中影响最深远的，当数轮船招商局与中国电报总局。

轮船招商局几乎贯穿了盛宣怀的整个实业生涯。从 1872 年 4 月奉李鸿章面谕，起草了轮船招商局的第一个章程，主张 "办轮运以挽回航利" 开始，盛宣怀在招商局就成为一个核心人物。1873 年 8 月，他被任命为轮船招商局会办，兼管运漕、揽载，当年他即认领了商局 50 万串商股。1877 年，商局收购美国旗昌船产，开创了中国近代史上第一个成功的中资企业并购外资企业的案例，盛宣怀在融资这一关键问题上，为并购的成功做出了特殊的贡献。1880 年，王先谦等人弹劾招商局营私舞弊，他受到牵连，为此，不得不暂时离开商局。1883 年 11 月，遵李鸿章之命筹议整顿招商局大略章程，重返商局。

1885 年 8 月 1 日，盛宣怀受命担任轮船招商局第一任督办，他采取一系列对策，使商局重整旗鼓。他任督办的 1885 年至 1902 年，是轮船招商局作为官督商办企业的鼎盛时期。甲午战争爆发后，轮船招商局为适应战事需要，迅速行动起来，及时调配船只，为运送军兵、军饷及枪支弹药做出贡献。甲午战败后，盛宣怀向朝廷"陈练兵、理财、育才三大政"，利用自己掌控的招商局与电报局的资金优势，为创办北洋大学堂、南洋公学提供了足够的经费。继而轮、电二局又为他创办中国通商银行、承办汉阳铁厂、督办卢汉铁路，在资金运作上创造了较好的条件。

1902年，盛宣怀因父亲盛康去世丁忧，袁世凯乘机以自己的亲信杨士琦替代盛宣怀出任轮船招商局督办。直到1909年1月，盛宣怀才又夺回被袁夺去的招商局工作；当年8月15日，轮船招商局在上海召开股东大会，选举董事会，盛宣怀被推为董事会主席。辛亥革命后，袁世凯成为临时大总统。1912年8月16日，袁拟收招商局为国有，实际上仍是夺盛宣怀所控制的局权。与此同时，粤帮与商局的矛盾也加深了。1913年6月22日，招商局召开股东大会，选举董事会，杨士琦当选会长，盛宣怀为副会长，郑观应当选为董事。这样，既平衡了盛宣怀与袁世凯的关系，也缓和了商局与粤帮的矛盾。至盛宣怀去世，他一直关注着招商局的生存与发展。

电报总局最初是因军事需要而设立的。1879年11月，在与李鸿章商议洋务之事时，盛认为"欲谋富强，莫先于铁路、电报两大端。路事体大，宜稍缓，电报非急起图功不可"，对此，李鸿章深以为然。1880年秋，李鸿章设天津电报总局，盛宣怀被任命为总办；当年，他制定了《开办自津至沪设立陆路电线大略章程二十条》。1881年4月，津沪电报线路的架设，从上海、天津两端同时开工，至同年12月24日，全长3075华里的津沪电报线路全线竣工，12月28日正式开始营业。

1881年6月，丹麦大北公司欲以既成事实的海线上岸权逼清政府认可。盛宣怀采用"杀鸡给猴看"的办法，抓住丹麦大北公司不放，经过多次艰难的交涉与谈判，迫使其拆除岸线。1882年冬，清政府正式将电报机构命名为"中国电报总局"，盛宣怀任督办。之后盛抓紧架设苏、浙、闽直达广东的电线。1885年8月，因总理电线，成绩卓著，受李鸿章嘉奖。1887年7月7日，他与丹麦大北、英国大东两公司会订电报齐价合同九款；7月16日，又与美国传声公司米建威签订设立电话合同四款。从1880年秋盛宣怀担任中国电报总局总办至1898年底，将近二十年的时间内，中国的电报线架设遍及全国二十多个省市，大大提升了中国通信近代化的水平。其间，1882年9月，盛宣怀因挪用金州矿款解决电报线路建设急需的资金受到清廷弹劾，后因左宗棠出面求情，而被降职留用。盛宣怀并未因此而放慢推进电报建设的步伐。甲午战争前后，盛宣怀为保障战时电报线路畅通，保证军事情报安全、迅速传递，竭尽全力。中日《马关条约》签订后，盛宣怀又因电报之事受到参劾，为此，清廷命直督王文韶确查禀复。王经过认真的调查向清廷表明，电报总局的督办之职非盛宣怀莫属。1903年3月底，乘着盛宣怀为父亲丁忧，袁世凯让自己的亲信吴重憙接管了电报局。

1908年3月9日，盛被授为邮传部右侍郎，管摄路、电、航、邮四政，电报总局又改归盛宣怀管辖。当年6月，邮传部奏请将电报商股由部赎收，盛作为拥有900股的大股东，带头集股，按每股175元先缴，使电报总局收归官办。1910年8月17日，盛宣怀被任命为邮传部右侍郎，电报局仍在他的主持管辖之下，直至辛亥革命爆发，才结束了对电报局的掌控。

轮、电二局都是在一百多年前创办的。改革开放后，招商局焕发了青春。1979年，招商局在深圳蛇口创办了中国第一个对外开放的工业园区，经过近四十年的开发，昔日的荒滩野岭已变成一座美丽的海滨之城。招商局集团也已成为一家综合性的大型企业集团，交通运输及相关基础设施建设、经营与服务（港口、公路、能源运输及物流、修船及海洋工程），金融投资与管理，房地产开发与经营已成为集团的三大核心业务，招商局为中国的改革开放做出了突出的贡献。

中国电报总局由于历史的原因，没有完整地延续下来，但是，当年电报总局在全国二十多个省市所架设的电报线路以及之后启动的电话通信，为我国近代的通信发展打下了基础，直至20世纪80年代，它还在为我国的通信事业发挥着巨大的作用。今天，我们已经进入了一个崭新的互联网时代，但是，我们不能不看到，当今的互联网，实际上是踩在当年中国电信事业的肩膀上发展起来的。因此，从这个角度说，对轮、电二局的深入研究，是有利于改革开放与互联网得到更快、更好的发展的。

当今，在实现中华民族伟大复兴的中国梦的巨大感召之下，中国掀起了"大众创业、万众创新"的热潮，社会上下为打造企业家健康成长的环境，弘扬优秀企业家精神，更好地发挥企业家作用，营造了十分优越的氛围。我深信，中国企业家一定会以前所未有的热情，踏上新时代的征程！

盛承懋

2018 年 3 月 31 日

第一章　轮、电二局的创立

一　洋务运动的兴起

1840 年，英国为了打开中国市场，发动了鸦片战争。结果清政府战败，被迫求和；1842 年，同英国签订了《南京条约》，被迫开放国门。

鸦片战争后，西方列强迫使清政府开港通商，加上地方官吏、地主兼并土地，传统农村经济受到破坏。各地乘机纷纷起事，其中华北以捻军为主，华中、华南以洪秀全的太平天国为主。曾国藩、左宗棠与李鸿章组织湘军与淮军抵抗太平天国、围歼捻军。

1856 年，英、法发动第二次鸦片战争。此后，清政府被迫签订《天津条约》和《北京条约》。继而俄罗斯又趁火打劫，侵占中国大片领土。一系列不平等条约使中国丧失大量领土、主权和财富，半殖民地半封建社会程度大大加深。

1861 年，同治帝载淳继位，咸丰帝本任命肃顺等八大臣赞襄政务，但两宫太后与恭亲王奕訢发动"辛酉政变"，两宫垂帘听政，最后慈禧太后获得实权。被称为洋务派的奕訢与曾国藩、李鸿章、左宗棠、张之洞等部分汉臣在消灭太平军时见识到西方的船坚炮利，并且鉴于两次鸦片战争的失败，主张以"师夷长技以制夷"、中体西用为方针展开自强运动，由此洋务运动兴起。

洋务运动最初从开设矿业，建立江南制造局、福州船政局与汉阳兵工厂等制造工厂与兵工厂开始，同时也建立了新式陆军与北洋舰队等海军。

1865 年，李鸿章创办了江南制造局和金陵机器局；1866 年，左宗棠创办了福州船政局，三口通商大臣崇厚创办了天津机器局，分别制造军火、轮船、枪炮等。

李鸿章在追剿太平军、捻军的过程中，十分重视淮军的军事装备建设。1862 年 3 月，淮军正式建军。不久，淮军进入上海。李鸿章利用上海富绅的银两引进洋人的机器设备，于 1863 年左右创办了中国第二个近代军工企业——上海洋枪三局（第一个是曾国藩于 1861 年创办的安庆军械所）。淮军到沪未及一年，"尽改（湘军）旧制，更仿夷军"，转变成了装备洋枪洋炮并雇请外国教练训练的新式军队，战斗力大大提高。

1865 年，李鸿章在署理两江总督任上，得到曾国藩的支持，收购了上海虹口美商旗记铁厂，与韩殿甲、丁日昌的两局合并，扩建为江南制造局。与此同时，苏州机器局亦随李鸿章迁往南京，扩建为金陵机器局。

1870 年，李鸿章调任直隶总督，接管原由崇厚创办的天津机器局，并扩大生产规模。于是，中国近代早期的四大军工企业中，李鸿章一人就掌控了三个，已如他自己所言，"练兵以制器为先"。

洋务运动使得中国社会出现了较为安定的局面。其间，太平天国运动于 1864 年失败；洋务派左宗棠与李鸿章分别灭西、东捻，捻乱到 1868 年止；1862 年至 1878 年，左宗棠先后平定陕甘回变、新疆回乱，并收回伊犁。

洋务运动使得清朝的国力有了一定程度的恢复和增强，到慈禧太后与恭亲王联合执政的同治年间，一度出现了较为安定的局面，史称"同治中兴"。其间，清政府在西方人的帮助下成功平定了内地的民变并收复新疆，在国际上的地位和形象因此有了相当大的改善。由此，洋务派发展实业的信心得到提振。

二 李鸿章的江南制造局

鸦片战争后，为了应付残局，清政府于 19 世纪 60 年代相继成立了江南制造局和福州船政局两家造船企业，试图增强航运能力，以对付列强的入侵。其中，江南制造局于 1865 年 9 月 20 日在上海成立。

1863 年，李鸿章在上海买下洋人的机器设备，创办了中国第二个近代军工企业——上海洋枪三局。他当时算过一笔账：一发英国的普通炮弹在市场上卖到 30 两银子，一万发铜帽子弹要卖到 19 两银子。他说，大清国凭什么要把白花花的银子给了洋人。

1865 年 6 月，苏淞太道丁日昌呈禀李鸿章，说曾留学国外的海关通事唐国华因事发被捕，海关总税务司赫德为其求情，董事郭德炎与同案被革职的张灿、秦吉等人，集资 4 万两，在虹口地区买下了由美国人科而开设的旗记铁厂，用以赎罪。科而之所以愿意出售旗记铁厂，是因为该厂曾为清军制造大炮之类的军器，为其他洋人所排斥，因此他不得不将该厂出售。

清政府原即有意收购该厂，但当时科而开价 10 万两以上，因此没有成交。这次通过这种方式，以这么低的价格交易，实属罕见。李鸿章在曾国藩的支持下，决定收购该厂。买下该厂后，便试造十二磅铜制开花炮四尊，开往凤凰山军营试放。该厂可修造大小铁船，制造开花炮、洋枪等武器装备。

1865 年 9 月，李鸿章向朝廷禀报收购美国旗记铁厂，并在上海洋枪三局的基础上，成立江南制造局，局址设在上海洋泾浜地区。其在奏折中说："正名办物，以绝洋人觊觎"。至于唐国华一案，"既情有可愿，报效军需赎罪，亦有成案可援"。由此，丁日昌被任命为第一任总办。江南制造局由南、北洋大臣共管，其经费来自上海海关之厘金。

继而，李鸿章将由丁日昌、韩殿甲所部原苏州炮局的一部分，曾国藩委托容闳在美国纽约向朴得南公司所购买的 100 余台机器，全部并入江南制造局。

1867 年夏，李鸿章在上海城南高昌庙兴建新厂。搬迁的原因是原局址位于美国租界中，洋人不愿制造局在当地生产军火，同时该地段面积狭小，地租又贵。李在城南购置七十余亩土地，建成汽炉厂、机器厂、熟铁厂、洋枪楼、木工厂、铸铜铁厂、火箭厂、库房、栈房、煤房、文案房，工务厅暨中外工匠居住之室。规划中需建的有船坞、储存木料瓦棚及学馆。建造学馆用以办学与从事翻译。翻译的书有《汽机发轫》、《汽机问答》、《运规约指》以及《泰西采煤图说》四种。

1869 年，制造局增建汽锤厂，改建枪厂。同年 11 月，江海关道涂宗瀛禀奏南洋大臣，将上海城内于 1863 年设立的位于旧学宫后的广方言馆并入制造局，因局中的学馆与广方言馆相类似，自应归并一处，以期一气贯串。学馆设于制造局西北隅，建筑完工后，计有楼房、平房共 8 座 74 间。1869 年，苏淞太道杜文澜、涂宗瀛被委任为江南制造局总办。

江南制造局成为李鸿章在上海创办的规模最大的洋务企业。

它不断扩建，先后建有十几个分厂，雇用工人 2800 人，能够制造枪炮、弹药、轮船、机器，还设有翻译馆、广方言馆等文化教育机构。但是，它在管理上仍然存在着浓厚的衙门习气。由于管理不当，制造成本昂贵，不久便入不敷出。

三　洋务派主张办轮船航运

中国封建社会千百年的官粮运输，主要是依靠水道，这种运输方式被称为"漕运"，官粮亦被称为"漕粮"。清政府征收漕粮的主要省份是山东、河南、安徽、江苏、浙江、江西、湖北、湖南八省，尤以江南六省所征漕粮为主。然而由于黄河屡次决口，从 1826 年起，清政府决定将漕粮由以往以内河运输为主，改为以海运为主，沙船业因此而繁荣。随着外国航运势力的入侵，沙船竞争不过外国的轮船，运输漕粮的丰厚利润，逐渐被外国轮船抢走，沙船业日趋衰落。

面对漕粮运输的新情况，国内一些有识之士提出了各种设想，有想自己办轮船公司夺回厚利的。如 1862 年商人吴南昌等人欲购四艘轮船，参与运输漕粮，由于受到阻力，最终未能实行；1866 年春，与李鸿章讨论漕粮运输办法时，苏淞太道应宝时提出收买沙船运漕的计划，但是仅购船款就需 75 万两，此外每年还需 26 万两修船费用，李鸿章认为如此大的费用骇人听闻，遂否决。1867 年，曾国藩因漕粮数量逐年增多，而沙船数量却逐年减少，担忧再过一些时日，江浙漕粮更多时，无船可用。他与江苏藩司丁日昌、苏淞太道应宝时等会商，决定次年春期漕粮海运时，雇用部分洋船来缓解困境。曾国藩的建议于 1868 年春得以试行。但是，对于试运的结果，户部最先表示不满，三口通商大臣接着诉说各种困难，最后，确定由总理衙门与户部会奏，雇用洋船运输漕粮的办法，自然遭到了否决。1868年，道员许道身、候补同知容闳请求政府劝谕华商购置轮船，参与漕运之外，兼揽客货。两江总督曾国藩、江苏巡抚丁日昌都表示支持，但公文转了一圈，最后还是无法实行。

其实，随着西方列强的入侵，曾国藩、李鸿章、左宗棠等洋务派大臣已经洞察到掌握轮船、兴办轮船运输势在必行。早在1861年9月，时任两江总督的曾国藩在给朝廷的奏折中就称：轮船之速，洋炮之远，在英法则夸其独有，在中华则罕于所见。若能陆续购买，据为己物，在中华则见惯而不惊，在英法亦渐失其所恃。他认为，若能购成之后，访募覃思之士、智巧之匠，始而演习，继而试造，如此，则"不过一二年，火轮船必为中外官民通行之物"。1863年，李鸿章在给曾国藩的书信中说，俄罗斯、日本从前不知炮法，国日以弱，自其国之君臣卑礼下人，求得英法秘巧，枪炮、轮船渐能制用，遂与英法相为雄长。他在另一封信中说："中国但有开花大炮、轮船两样，西人即可敛手"。1866年6月，左宗棠在《复陈筹议洋务事宜折》中说："陆地之战，彼之所长皆我所长，有其过之，无弗及也。若纵横海上，彼有轮船，我尚无之，形无与格，势无与禁，将若之何？"为此，他向清廷密陈在福州设立船厂的计划。①

随着时间的推移，外轮公司在中国水域中拉客载货获取丰厚的利润，已成不争的事实。事实上，外国轮船运量大、速度快、时间准，受气候影响小，并且受条约保护，无须缴纳厘金，不受沿途关卡勒索。它们与中国的沙船、木帆船相竞争，很快占了上

---

① 朱荫贵：《朱荫贵论招商局》，社会科学文献出版社，2012，第3~4页。

风，使得外轮公司大获其利。1867 年至 1872 年，仅运营中国沿海与长江航线的美商旗昌轮船公司一家就获利 468 万余两。[①]

外轮公司快速扩张以及获取丰厚利润的事实，进一步刺激了晚清朝野兴办轮船航运的神经，众多华商开始投资外轮公司，或购置轮船挂着洋旗从事"诡寄"经营，并呈逐步扩大趋势，使清政府深感在管理与税收方面存在着隐患。

曾国藩、李鸿章、左宗棠等洋务派大臣深知兴办轮船航运势在必然，难以阻挡，并且轮船与机器制造和煤、铁开采相互依存，既有利于国防，又有利于民生，可以兼顾军备与商用。因此，他们竭力主张顺应潮流，兴办轮船航运。然而，在同治早年，这种主张仍很难获得朝野大多数人的认同，特别是反对派的认同。

四 李鸿章命盛宣怀拟《轮船章程》

盛宣怀是 1870 年 5 月进入李鸿章幕府的。最初，李委派他担任行营内文案，兼营务处会办，后来又调任陕甘后路粮台淮军营务处会办，盛在晋、陕等省的山川中跋涉，甘之如饴。"盛夏炎暑，日驰骋数十百里"，而不辞劳顿；草拟文稿，"万言立就"。由此，李鸿章开始对他刮目相看。

应该说，盛宣怀之前对洋务派与反对派在兴办轮船上的争议是知之不多的。但是，青年时代的他有长达五年多的时间随任湖北粮道、盐法道的父亲盛康生活在武汉，当时，他去得最多的地

---

① 刘广京：《英美航运势力在华的竞争（1862～1874 年）》，上海社会科学院出版社，1988。

方之一，是滨江花园。几个年轻人经常结伴到江边去玩，看到外国轮船日益增多地停靠在江轮码头上，除了揽载客货之外，部分漕粮亦归这些外轮运输。少数华商轮船公司，为了避免缴纳捐税，索性与洋人勾结，采取"诡寄经营"的方式，其船也悬挂起洋旗，在长江内河航行。盛宣怀亲眼见到，中国的木帆船航运业已处在萎靡不振的状态。1867年，他被湖广总督保奏赴湖北广济考察那里的煤矿，他不明白为什么广济县禁止开挖武穴煤山，而任凭外国的轮船装载洋煤到武汉来，高价卖给中国的老百姓。他知道洋人就是凭借着轮船来赚中国人的钱的。这些都是他青年时代亲身感受到的。

盛宣怀跟随李鸿章后得知，江南制造局与福州船政局由于管理不当，已入不敷出。1872年1月，大学士宋晋奏暂行停止闽、沪二局造船，由此又引发朝野关于是否要兴办轮船的争议。然而，宋晋的奏折反而推动了轮船招商局创设政治合法的进程。洋务派大臣坚决反对裁撤闽、沪二局，据此，他们相互统一立场，商量对策，通报情况。盛宣怀凭着对政治的敏感性，十分关注这些问题的进展。

1872年6月，李鸿章与沈葆桢在商议如何恢复福州船政局造船业务时，提出由它兼造商船，创办中国自己的轮船局的主张。盛宣怀得知该消息后，结合自己以往所见，认为为遏制外国商船在长江及沿海的肆虐，必须建立自己的轮船招商局，并建议他们速办。李鸿章深以为然，命盛宣怀策划招商局，会同浙江海运委员朱其昂等拟订章程，并呈交江、浙督抚审阅。

1872年6月20日，李鸿章上奏《议复制造轮船未可裁撤折》，对宋晋的主张猛烈抨击，坚决反对裁撤闽、沪二局，认为"国家诸费皆可省，惟养兵、设防、练习枪炮、制造兵轮船之费不可省"，如果二船局"苟或停止，则前功尽弃，后效难图，而所费之项，转为虚糜，不独贻笑外人，亦且浸长冠志"。奏折中还指出，"闽、沪现造轮船皆不合商船之用，将来间造商船，招令华商领雇，必准其兼运漕粮"。

由于李鸿章等人的坚决反对，总理衙门遂于 8 月 21 日奏请清廷：船政不能停，应由李鸿章、沈葆桢妥筹办理。并指出"以间造商船华商雇领一节，李鸿章、沈葆桢俱以为可行，应由该督抚随时察看情形，妥筹办理"。至此，由宋晋挑起的这场争论才告一段落。①

盛宣怀受李鸿章思想的影响，奉其面谕，很快拟上轮船局章程，主张办轮运以挽回航利，是为轮船招商局的第一个章程。

盛宣怀在草拟章程的序言中说："伏思火轮船自入中国以来，天下商民称便，以是知火轮船为中国必不能废之物。与其听中国之利权全让外人，不如藩篱自固。船厂之设意甚深也，已兴之何可言废。天下事惟熟能生巧，亦惟激则生变，今人于古人尚不甘相让，何夷狄之智足多哉！"盛宣怀认为兴办轮船航运业是中国社会发展的需要，是"必不能废之物"；轮船航运业的利权，不能"全让外人"，主张应与外人争利；洋人能办好的事，中国人也一定能办好，洋人的智未必"足多"。

他在序言中又说："中国官商久不联络，在官莫顾商情，在商莫筹国计。夫筹国计必先顾商情。倘不能自立，一蹶不可复振。试办之初，必先为商人设身处地，知其实有把握，不致废弛半途，办通之后，则兵艘商船并造，采商之租，偿兵之费。息息相通，生生不已。务使利不外散，可兵自强"。② 盛宣怀认为，办

---

① 胡政主编《招商局珍档》，中国社会科学出版社，2009，第 9 页。
② 盛宣怀：《上李傅相轮船章程·序言》（同治十一年），上海图书馆藏盛宣怀档案（以下简称"盛档"）。

好轮船航运业，首先必须"顾商情"，只有这样，才谈得上"筹国计"，才能做到"利不外散，可兵自强"，从而达到富强的目的。"顾商情"充分表明他对轮船招商局"商本商办"的思想与主张，但是这一思想和主张，与李鸿章最初的"官本官办"设想是不一致的。

盛宣怀在所拟的章程中，明确提出了"委任宜专""商本宜充""公司宜立""轮船宜先后分领""租价宜酌定""海运宜分与装运"六款内容，充分阐明了他办轮船招商局的一系列主张。但是，他所拟的《轮船章程》一开始并未被招商局采用。

1872年12月23日，李鸿章上书奏请试办轮船招商，三天后，同治皇帝批准设立轮船招商局。

五　轮船招商局的成立

1872年9月，李鸿章饬令"承办海运已十余年，于商情极为熟悉，人亦明干"的浙江海运委员、候补知府朱其昂筹办轮船招商事宜。

朱其昂出身上海宝山沙船业世家，志向远大，从小就决定要干一番大事业。未满20岁便倾其所有与人合伙在上海十六铺开铺，办南北洋贸易，每年出海三次，积攒下万把两银子。后与人拆伙，和弟弟朱其诏省吃俭用订造了大沙船，为淮军运输物资。李鸿章在致总理衙门的信件中特地提到朱"习知洋船蹊径"，"熟悉南北各口岸情形"。[①] 朱是一个和洋船、洋行、买办等有着

---

① 《总署收李鸿章文》（同治十一年七月十二日），中研院近代史研究所编《海防档·甲·购买船炮（三）》，1957，第910页。

密切关系的人物。

事实上，从一开始"附洋商名下"，以唐廷枢、徐润为代表的从事轮船航运多年的广东香山买办群体，就力争轮船航运的筹办权。盛宣怀曾奉李鸿章之命与他们商议过此事。但是，"天津教案"发生后，清廷对买办疑忌加深，使得李鸿章很难将筹办权托付给他们。李鸿章倾向于让香山帮只作为轮船航运的投资者，而非轮船招商局的主持者。

盛宣怀从一开始就是主持筹办事宜的强有力的竞争者。他奉李鸿章面谕拟就《轮船章程》，接着南下，"七月间在沪密与各商拟议"轮船招商局筹办之事，其中就包括与唐廷枢、徐润进行商议。当朱其昂获得筹办权后，盛宣怀深感失望，他向李鸿章表达了对这项决定的不满。

问题是盛宣怀在《轮船章程》中把"顾商情"置于首要地位。按照盛的思路，招商局必将循着集商股、办成商办企业的轨道去发展，其主张是符合发展潮流的，但在当时还不能为主事者所接受。

朱其昂认为："现在……在沪殷商，或置轮船，或挟资本，向各口装货贸易，向俱依附洋商名下，若由官设商局招徕，则各商所有轮船股本，必渐归并官局。"① 盛宣怀的主张与朱其昂的想法相左。朱其昂"官办"的想法得到李鸿章手下天津海关道陈钦、天津兵备道丁寿昌的支持，符合李鸿章"目下既无官造商船在内，自无庸官商合办，应仍官督商办，由官总其大纲，察其利弊，而听该商董等自立条议，悦服众商"的思想与主张。李鸿章对朱其昂的想法很赞赏，随即令朱酌拟条规，并借领官款 20 万

---

① 交通、铁道部交通史编纂委员会编《交通史·航政编》第 1 册，1935，第 140 页。

串回沪兴办。朱其昂的主要任务是运漕粮，这也是李鸿章办轮船航运最初要解决的问题。

1873年1月14日，轮船招商官局正式开始营业。这是洋务运动中由军工企业兼办民用企业，由官办转向官督商办的第一次尝试。朱其昂制定了《轮船招商局条规》28条。

尽管如此，轮船招商局的资金问题并没有解决，商局第一期计划招股100万两，但正式开局之后，仅筹得开办资本18万余两，其中官款12.3万余两，即商局从户部拨借直隶练饷局存款制钱20万串，借款期限为3年，年息7厘，扣除预缴利息和手续费等，实际收到18.8万串，折合规银12.3万余两。

朱其昂负责招商，试图说服胡雪岩带头入股，但是没有得到响应。上海商人担心"官督"之下，商股权利无保。至1873年4月，朱其昂只筹集到1万两的现款和10万两的认购承诺。朱其昂对于经营新式轮船业务也不在行，由他经手购买的4艘轮船，"伊敦"号"船大而旧"，"福星"号"舱通而小"，其他两艘也不大合用，"而购价反较洋行新造之头等好船尤贵"。① 此外，受官局衙门作风影响，商局管理不善，滥支浪费的现象十分严重，创办不到半年，便已亏损4万余两。不改变这一被动的局面，必将如徐润当时向盛宣怀所指出的那样，"深恐众商寒心，从此裹足，招商将变为拒商矣"②。

事实上，由朱其昂任总办的轮船招商局不是一个真正的"官督商办"企业，而正如朱其昂为其所定的"轮船招商官局"这一名称所示，是一个官办企业。于是，李鸿章决定要改变这种状

① 中国史学会主编《洋务运动》第6册，上海人民出版社，1961，第38页。
② 《徐润致盛宣怀函》（同治十二年七月初七日），盛档。

况，他启用唐廷枢，将轮船招商局改为官督商办，并从名称中去掉了"官"字。

六　唐廷枢总办，盛宣怀入局会办

1873 年 7 月，轮船招商官局正式营业不到半年，李鸿章发布调令，任命唐廷枢为轮船招商局总办，负责招商事宜。

唐廷枢，出生于 1832 年 5 月 19 日，广东香山人，是当时闻名的买办人物。他是在轮船招商局初创过程的困难时刻，接替朱其昂出任总办的。唐廷枢自幼在香港教会学堂学习，精通英语，先后在香港司法部门和上海海关担任翻译。特别是他在怡和洋行主持华人客货揽载业务，对于航线的开辟、轮船的调配以及中外贸易情形，都十分熟悉。他不但从长期的买办活动中积累了资本主义经营管理的丰富知识和实际经验，而且同商界保持着广泛的联系，本人又饶有资财，是当时航运界最活跃也最有实力的人物。他自然成为李鸿章欲解决商局招商及运营困境的最佳人选。

唐廷枢到任轮船招商局后，立即抓紧招集商股，以扭转资金困难的局面。唐除了自己投资和将自己原先委托外商经营的"南浔""满洲""汉洋""永宁"等号轮船随带入局，还积极招徕亲友投资，其中包括徐润和徐润的亲友。盛宣怀稍后入局，也积极配合招集商股的工作，认领了 50 万串商股。为此他先后两次到苏州与常熟，从他与苏州怡园园主顾文彬等人合开的典当行中去提款，至上海轮船招商局去参股。

在轮船招商局招股工作中，唐廷枢与徐润起了决定性的作用，正是由于他们的努力，商局第一期议招股本 100 万两，于 1881 年完成。次年再招新股 100 万两，于 1883 年完成。

唐廷枢凭借他广泛的人脉和在商界的号召力，成功地将原来附股洋商的买办资本吸引到轮船招商局来，扭转了商局开创时的困境，也实现了李鸿章"设局招徕，俾华商原附洋商股本，归并官局"的设想。

在李鸿章任命唐廷枢为轮船招商局总办的同时，原任总办的朱其昂改为专管漕运的会办。唐廷枢接任后一个多月，禀请李鸿章任命长期在宝顺洋行担任买办的徐润出任会办，协助经理局务。徐润，广东香山人，14岁时随其叔到上海，入英商宝顺洋行当学徒，因其能干而升至买办。在宝顺洋行期间，他出资捐得员外郎，由李鸿章"奏保四品衔"。徐润先后在美商旗昌轮船公司、英商公正轮船公司附股投资，并在上海、浙江、湖北、湖南、江西等地相继开设众多货号，是一位能干的商人。李鸿章对唐廷枢的提议，自然十分赞成。

1873年9月9日，李鸿章签署了一份文件——《札饬盛宣怀入局》。这是一份委任状，任命29岁的盛宣怀出任轮船招商局的会办，文件说："应添派妥员，前往会办。已另札饬委盛道宣怀赴局会办，所有该局运漕、揽载及一切规画事宜，均应悉心，随时禀候核夺，仰即遵照。"盛是继出任总办的唐廷枢，留任会办的朱其昂之后，第三个到位的高管。盛宣怀在商局代表李鸿章"往来查察"，"订明不经手银钱，亦不领局中薪水"，他"向未驻局办事"，李也"向未责以专司招商局务"，只是遇有重要事件，与唐廷枢、徐润等筹商会禀。① 盛宣怀入局后，对唐廷枢负责的招股工作，采取了积极支持的态度。

一个月后，李鸿章又正式任命徐润担任会办。至此，改制后

① 中国史学会主编《洋务运动》第6册，第58页。

的轮船招商局形成了由唐廷枢、徐润、朱其昂、盛宣怀四人组成的领导班子。其中，唐为外资洋行代表，朱为漕粮北运代表，盛为李鸿章代表，徐为具有买办背景的国内工商业主代表。

1875 年秋，盛宣怀赴湖北督办矿务，1879 年就任天津河间道，其中大部分时间未能办理局事。朱其昂于 1878 年病故，后由其弟朱其诏接任会办，但是 1879 年朱其诏就任永定河道而离局。因此，改组以后的商局，主要经营者为唐廷枢与徐润。1878 年后，唐廷枢负责开平矿务局，不常驻局，轮船招商局日常工作由徐润主持，但是重大决策仍需由唐廷枢做出。

七　电报架设的利权受到列强的侵犯

鸦片战争之后，中国国门洞开，世界各国都将眼光瞄准了中国。西方列强除了争夺中国长江及沿海的航运权之外，也将目标放在架设中国大陆电报线路上。沙俄、英国、法国、美国等国使节或官员先后照会清政府，提出这一要求，连当时经济实力还比较弱的日本也提出要在中国架设电报线。面对西方列强和日本的要求，清政府均予以拒绝。这种状况一直持续到 1870 年。

1870 年初，英国大东电报公司（以下简称"大东"）铺设的从欧洲到亚洲的海底电报线即将抵达中国，为获得在中国东南沿海铺设电报线及线端登岸的权利，该公司通过英国外交部让英国驻华公使威妥玛就此事与总理各国事务衙门（也称总署）进行商议。1870 年 4 月 30 日，威妥玛在给总署的照会中称："此次所商，系由沿海水底暗设，不过仅有线端一头在通商口岸洋行屋内安放，与从前所论，迥不相同"，指出这次请设电线与以往各国要求在陆地架线有重要区别。对此，总署认为海底设线无碍，但要求线端不得上岸。最后双方达成了一项英国可以在中国东南沿海海底铺设电报线，并可将线端引入上海以南各通商口岸，但线端不得牵引上岸，只能安放在停泊于通商口岸洋船码头之外趸船内的协议。

之后，大东并未立即铺设沪港海线，因为此时另一家电报公司——丹麦大北电报公司（以下简称"大北"）也打算来中国铺设电报线。最后，两家公司签署了一份合同，大东将沪港海线的铺设权转让给了大北公司。

1871年4月，大北不顾清政府不许外国人所设电报线进入通商口岸内的规定，将已抵达长江口的电报海线沿黄浦江底暗地铺设到上海租界区。1872年，大北又打破清政府不准电线上岸的规定，在美国驻厦门领事施智文的帮助下，将沪港海线在厦门的鼓浪屿牵引上岸。1873年2月，闽浙总督李鹤年根据兴泉永道定保的探查，得知"洋人在厦门暗设铜线，欲将线端引入鼓浪屿合众国领事施智文住房"。对此，李鹤年只是将大北用木杆架起的电线拆去。对通过地沟引上岸的电线，由于施智文坚决不让拆去，且"语已决绝，函阻亦属无益"，李鹤年因而做出让步，在他看来，"沟中铜线，既在人烟远隔之处，似可暂缓置议，免得转予口实"。福建当局对大北擅自将沪港海线牵引上岸的处理就到此为止。1873年，大北因暗设在黄浦江底的电线常被渔船铁锚损坏，遂将水线捞起，架设了一条从吴淞到上海的陆地电报线，并在吴淞设立电报馆。对大北这种擅自违禁架设淞沪陆线的做法，时任上海道沈秉成虽多次与驻上海各国领事交涉，但毫无效果，此条陆线终未被拆去。1874年，大北还曾企图攫取在福建陆地架线的权利。因为该年发生日本侵台事件，为便于台湾与福建之间的通信，福建当局奏请清廷架设福州到台湾的电报线，得到允准。趁此机会，大北向福建当局表示愿意代设电报线。大北先是架设了一条福州至马尾的电报线，之后，在修建福州至厦门电报线的问题上，闽浙总督李鹤年等人因贪图便宜，答应此线由大北包办，建成后一条归大北使用，竟自动放弃了中国陆地电报线自主架设的利权。福厦线的建设因受到当地民众阻挠而无法进行下去。后来总署决定收回此线建设权，让福建当局与大北交涉收回福厦线。双方多次交涉，始终未达成一致意见。直到1876年，丁日昌担任福建巡抚后，通过与大北重新订立合同，才收回福厦线的设线权。至此，大北图谋获取福建陆线架设权的计划未能得逞。

此期电报交涉，起初中方极力抵制各国提出在陆地设电报线的要求。但到1870年，因总署昧于近代国际法知识，竟将中国东南沿海电报线的敷设权让给英国。此后，直接参与电报交涉的各地方官员因各自的认识和利益不同，多未能认真处理外商设在陆地的电报线。总之，这一时期在官方主导下办理的电报交涉，未能有效地维护中国的电报利权，结果是不仅丧失了沿海电报利权，而且使陆地设线权也逐渐为外人侵占。①

19世纪70年代，随着中国近代民族工业的兴起以及民族危机的加深，中国人开始认识到创办电报的重要性。同时，"借收自主之利权，以杜洋人之觊觎"，争回电信利权也被提上日程。因此，无论从经济、军事需要方面还是从争回利权方面考虑，电报在中国的自主兴办已势在必行。

---

① 王东：《近代中国电报利权的维护：以1883~1884年中英交涉福州电报利权为例》，《重庆邮电大学学报》（社会科学版）2011年第6期。

八　天津电报总局的成立

1877 年 1 月 29 日，福建巡抚丁日昌在赴台巡视的过程中，进一步认识到台湾在军事上的重要性，于是向朝廷建议在台湾架设电线。此提议得到李鸿章的支持，李认为"至铁路、电线二者相为表里，无事时运货便商，有事时调兵通信，功用最大"①。1877 年 5 月 26 日，丁日昌制定的修建电报的方案得到清政府批准。1877 年 8 月 18 日，台湾电报架设正式动工，至 10 月 11 日完工，电报线全长 95 里。这是第一条由中国人自己修建并掌管的电报线，开创了中国电信业的历史。

1879 年 11 月，李鸿章召盛宣怀商议洋务。盛认为，"欲谋富强，莫先于铁路、电报两大端。路事体大，宜稍缓，电报非急起图功不可"。盛宣怀凭着自己在实业领域多年的思考与见识，一下子就抓住了交通和通信这两个工业近代化的核心命脉。他向李鸿章建议，由于办铁路牵涉的面大，受到的阻力也大，只能适当放缓，而电报架设起来相对简便，对军事的作用又大，从长远来说，对商业与民生作用更大，则应"急起图功"。李鸿章对于盛宣怀的见解甚是赞同。盛宣怀建议李鸿章："宜仿轮船招商之例，醵集商股，速设津沪陆线，以通南北洋之邮，遏外线潜侵之患；并设电报学堂，育人才，备任使。"对此，李鸿章深以为然，当即责成盛按照轮船招商的成例，筹办电报事宜。

1879 年，沙俄欲强占我国伊犁，并派军舰窜入我国领海。清

---

① 《李文忠公奏稿》卷 8，沈云龙主编《近代中国史料丛刊续编》第 70 辑，台北：文海出版社，1962，第 27 页。

政府为了沟通军情，派李鸿章多次与在中国最早开设电报局的丹麦大北电报公司交涉，确定由中国出钱，委托其修建大沽（炮台）、北塘（炮台）至天津，以及从天津兵工厂至李鸿章衙门的电报线路。在盛宣怀和郑观应的妥善安排下，这条线路铺设和运行的过程相当顺利。这是中国在大陆上自主建设的第一条军用电报线路。

天津至大沽的电线架设完毕后，李鸿章还动用他的影响力，邀请包括光绪的亲生父亲醇亲王在内的宗室、大臣到现场观看。这些人哪里见过"尔发彼得，倏忽而至"的通信方式，均赞叹不已。李鸿章于是乘势上书，请求开设电报局和电报学堂，并保举盛宣怀为电报局总办。

1880年春，中俄因交收伊犁的事关系紧张，俄国陈兵边境，企图以武力逼迫中国承认与崇厚已签之约。朝廷一面命驻英、法两国公使曾纪泽兼署驻俄公使，与俄重新订约；一面密谕李鸿章统筹营口、烟台海防，彭玉麟、李成谋整顿长江水师，左宗棠筹划新疆防务，内蒙古、东三省亦加紧布置防务，以防俄国突然挑起事端。

为调兵计，李鸿章紧急奏请架设津沪电报线路，认为电报为军务所必需，现在俄国陈兵边境，日本虎视眈眈，架设电报尤为重要。慈禧太后见到李鸿章的奏折后，立即召集王公大臣、在京大学士、六部侍郎以上官员会议，认为李鸿章所奏甚合当前机宜，下旨着令马上办理。

1880年秋，李鸿章批准筹备架设天津至上海的电报线，并在天津成立官办的天津电报总局。最初，李鸿章委派郑藻如、盛宣怀、刘含芳三人为天津电报总局总办。1881年3月，郑藻如奉命出使美、日、秘等国，刘含芳亦于1882年辞差，电报经营事务遂由盛宣怀一人总揽。同时，郑观应被委任为上海分局总办。

盛宣怀出任电报局总办，中国开始进入大规模建设电报时期。自此，拉开了盛宣怀为维护电报利权而斗争的序幕。

1881 年 4 月，在丹麦大北电报公司的帮助下，天津电报总局从上海、天津两端同时开工，至 12 月 24 日全长 3075 华里的津沪电报线路全线竣工。这是中国第一条电报主干线。

九　盛宣怀拟定电报章程

津沪线动工之前的 1880 年 10 月，电报局总办盛宣怀就已经拟定电报《招股简明章程十条》。1881 年初，为着手架设自津至沪陆路电线，盛宣怀按照李鸿章的要求，拟定了比较详细的《电报局详定大略章程二十条》，为电报局发展定下基调，为中国大规模兴建电报提供了依据。盛宣怀委托丹麦大北电报公司向国外订购电信器材，为兴建津沪电报线路做准备。

盛宣怀在他所拟的章程中提出："中国兴造电线，固以传递军报为第一要务，而其本则尤在厚利商民，力图久计。"他清醒地认识到电报是资本周转、商品流通等企业商务信息传递的重要一环，电报作为经济发展的产物，反过来也必须为经济发展服务。

电报的创办从本质上说是为"商"而设的，所以电报企业应该由"商"来投资，"众商出资报效，自应准其永远承办推广施行。是商人之利，亦国家之利也"。所以，应该由"商"按照经营近代企业的方式来经营电报。电报从创办之初，就面临激烈的市场竞争。竞争的对手，既有来自国内的不同派别，更有来自国外的入侵势力。

为了规范经营，章程对电报局已存的官股与商股的关系、国家的利益做了翔实可行的说明，最后强调电报局内部的管理一律按商业原则，政府不得干预。"中国电线势必先难后获，故必有远见才乐从其事。所收商本应以一百两为一股，给发股票印票为凭，认票不认人，拟定按年结账，所收信资，开除经费之外……如有盈余，按照资本多寡，先提六成均匀分派，不必额定官利，其余四成作为公积，以备添造电线，愈推愈广，利益无穷"。

章程强调企业的自主权，"本局奏明官督商办，听其自取信资，以充经费，所有中国官商及洋商寄信取资，应由本局拟定价目"；"本局经费浩繁，全赖信资开支，各省官府过多，若稍一通融，势必经费无出……拟仿照轮船局章程，无论官商，皆须一律取资，以充经费，并须先付信资，再行发电，不得通融拖欠"。

为了保障军务所需，章程明确："电报原为洋务军务而设，军机处、总理衙门、各省督抚衙门、各国出使大臣，所寄洋务军务电信，自应区别，以存体制。……以上各衙门于寄报信纸上面盖用关防，局中验明，随到随发"。

关于电线材料免税、各局用人、洋员的使用和严格要求、巡警沿途保护电杆电线的制度、电码的规格和使用方法等等，盛宣怀在章程中都做了周密的规定和安排。

章程规定："本局总办应驻天津，其各分局均归调度"，"各局用人均须妥实，各有专责，应由总办加意遴选……不得徇情滥收员友，徒滋靡费，甚至偾事"。

关于收发电报，章程规定："应以电报新书所集华字为稳妥之法，只有几千几百几十几，故只以四码为准，凡寄信系逐字集成，即使讹错一字，尚易揣摩，故遇有紧要公事，当仍以集字方便"。

章程对电报学堂的办理也提出了意见："学堂与本局相为表

里，其学生俟到局派事之后，薪水由本局开支，所有设学堂经费，系为国家造就人才起见，应在军饷内开支，免在商本内归还"。

李鸿章任命盛宣怀为总办之初，将电报总局定为"官本官办"，也就是说，是绝对的国资企业。但盛宣怀认为这样下去，对电报事业的发展并不有利，不利于调动商界的积极性。在津沪陆线竣工之后，他向李鸿章申请，将电报总局改为"官督商办"，仿照轮船招商局的办法招募商股。对此李鸿章有些质疑，盛宣怀认为电报虽然有传递军事情报和政府命令的重要职能，然而它毕竟是商业化的产物，为了使它更好地为商务、民众服务，还是应该按市场的方式，让商人来管理和经营。事实上，按照"官本官办"的模式经营，"津沪电线通报后，经营四个月，亏损甚大"。应该说，盛宣怀的判断是准确的，也是超前于那个时代的。

1881 年冬，津沪线完工之前，李鸿章在天津设立中国电报总局，并委派盛宣怀为总办，同时任命郑观应为上海分局的总办。

津沪线正式交付使用后，电报局官督商办被提上日程。为尽快招足商股，盛宣怀拟定《电报局招商章程十二条》，推动了官督商办之实现。招商章程成为电报局发展的纲领性文件。

第二章　轮、电二局的早期发展

一　唐廷枢、徐润主持下的招商局

1873 年，唐廷枢及随后的徐润入主招商局后，立即大刀阔斧地进行改革。他们重新拟定了轮船招商局《局规》14 条，这是继 1872 年 3 月海关委员林士志等奉李鸿章旨意提出兴办轮船航运办法 9 条，盛宣怀起草轮船章程 6 条，朱其昂兄弟等拟议轮船招商章程 20 条和规条 28 条后，唐、徐二人提出的办理商局的规则与具体实施办法。

唐、徐二人拟定的《局规》与朱其昂的规条之间的差别，最突出的地方在于，它淡化了商局的官办色彩，突出了其商办色彩。它强调商股尤其是大股东在企业中的权益，增强了商董的权力；规定每 100 股（每股 500 两）推举一名商董，从商董中推举一名总商；总商主持总局工作，由一二名商董协助；总局、分局司事人员，由总商、商董挑选任用；与商局财务往来的钱庄，亦由总商会同商董决定。

《局规》强调："本局专以轮船运漕、载货取利，此外生意概不与问。"从而使它与当时官办的不计成本、不问盈利的军工企业区别开来，可能少受官方的干扰。《局规》又明确：股票转让，必须先让与局内的人，如本局无人承受，才可以卖与局外人，但是"不准让与洋人"，防止外国资本的渗入。《局规》还就股权的转让与继承，资本的招募，码头、栈房的兴建，船只的添置，财务的管理，股息的发放以及公积金的提留等做了规定，①规范了企业的经营管理行为。

唐、徐二人拟定的《局规》，无疑提升了轮船招商局的经营管理水平，扩大了轮船招商局对外的影响。

唐、徐二人入局后，以富有成效的经营管理方式，凭借一般商人可以信赖的声望，使原来很不顺利的招股集资工作大为改观。至 1873 年 6 月，"招徕殷商入股，计应需之数，已得其半"。1873 年 7 月 29 日《申报》登载：招商局"近日殊盛，大异初创之时，上海银主多欲入股份者"。至当年 8 月，招到股本 26 万余两；至 1874 年 8 月，共招得 1012 股，实收规银 47.6 万两。

经过改组后三年的努力经营，到 1876 年，轮船招商局的江海轮船从初创时的 4 艘 2319 吨增加到 11 艘 11854 吨。营运航线也从原来以承担漕运的北洋航线为主扩展至上海—宜昌的长江航线，增辟了上海—宁波的新线，并且开拓了至日本、吕宋、新加坡等处的远洋航线，营运业务有新的拓展。随着航运业务的迅速扩张，招商局先后在天津、牛庄、烟台、福州、厦门、广州、香港、汕头、宁波、镇江、九江、汉口等口岸设立分局；长崎、横滨、神户、新加坡、槟榔屿、安南、吕宋等海外港口也设有分局，极大地扩展了招商局航运业务的范围，争回了被西方列强夺取的部分航运利权，使轮船招商局开始成为外商航运轮船公司有力的挑战者。

---

① 胡政主编《招商局珍档》，第 116 页。

朱其昂主持时期亏损的 4 万余两官款也很快"分年提补"。李鸿章于 1875 年 4 月初奏称：由于招商局主持人"苦心经营，力任艰巨"，商局"频年迭加开拓，渐收利权"，"从此中国轮船可期畅行，实为海洋防务一大关键，所裨于国计民生，殊非浅鲜"，充分肯定了商局的成就。①

至 1881 年，招商局股本达 100 万两。原来担心"资金过少，恐致决裂"的李鸿章，十分感慨地说："招致精习船务生意之人粤人唐丞廷枢为坐局总商，两月间入股近百万，此局似可恢张。"1881 年，唐廷枢极力争取曾被英商太古轮船公司聘为总买办的广东香山人郑观应入局，而郑观应于 1882 年进入招商局担任帮办，使招商局如虎添翼，此后商局的股票成倍升值，股票面值达 200 余万两。招商局决定扩股，至 1883 年股本达到 200 万两。②

二 唐、徐二人积极拓展航运业务

唐、徐二人主持商局后，积极开拓航运业务，其他商局董事也积极配合。面对英、美外资轮船公司垄断中国航运市场的局面，他们认真分析了自己的优势与劣势。经过分析，唐、徐二人提出了一份"预算节略"。在该文件中，他们对商局的经营与发展做了一个估计，认为商局具备三项条件足以与外资轮船公司抗衡，即"我船有漕米装运，洋船全恃揽载，一也；我局经费、栈房、辛工、轮船、用度、驳船、抗力均较洋商搏节，二也；以本国人揽本国货，取信自易，利便实甚，三也"。因此，他们估算，

---

① 易惠莉、胡政主编《招商局与近代中国研究》，中国社会科学出版社，2005，第 517 页。

② 陈潮：《晚清招商局新考》，上海辞书出版社，2007，第 90 页。

在投资 50 万股本，购买 4 艘轮船的情况下，因有漕粮补贴，另加搭客运货，每年只要航行 3 个月，可净溢银 10.8 万两，以 50 万资本计，利率高达 20%。在他们看来，赢利似有相当把握。同时，他们也分析了面对商局的抗衡，外资轮船公司的态度和可能采取的反制措施，并做了充分的应对准备。

唐、徐二人根据这个估计，力主扩展业务，"故就大局论，亟宜多集二三百万资，广购轮船往来各口。今且立定脚跟，由小而大，俟漕粮日增，装运日旺，乃逐渐推广，以期权利之尽收焉"①。

由此，他们决定首先开辟沿海航线，由"福星"号往来于上海—天津的航线；"永清"号航行于上海—汕头—香港—广州之间；"利运"号航行于上海—汕头—厦门之间；"伊敦"号航行于上海—长崎—神户之间，一度还驶往吕宋。接着开始经营长江航运。1874 年春，在成功开辟了几条沿海航线后，招商局的轮船开进了长江，开始在长江与外资轮船公司争夺航运业务。

1874 年 2 月，英、美三家轮船公司订立垄断长江运价合约；1874 年 3 月，招商局着手降低长江航线运费，以同外资轮船公司竞争。商局一开始的运费价格就比英美各家约低 30%，这样的竞争持续了几个月，到了夏季，商局进一步降价，运价不及旗昌、太古议定价格的一半。为了与英、美公司争夺北洋航线，商局在上海—天津航线上，也开始采取降价策略。

这场价格竞争相当激烈，商局创办时，货物运价"至低者每吨东洋四元，汉口四两，宁波二元半，天津每担六钱，汕头去货二钱，回货四角，广东二钱至三钱"。到 1874 年，"甚至每吨东

① 交通、铁道部交通史编纂委员会编《交通史·航政编》第 1 册，第 142～147 页。

洋跌至二元或一元半，汉口二两，宁波一元或半元，天津每担三
钱或四钱，汕头去货一钱或一钱二分，回货二角半，广东一角半
或一钱半。总而言之，所减不及六折"。到1875年，竞争更加激
烈，运费继续降低，"闽粤往日三四角水脚减至一角，宁波二元
半减至半元，长江五两减至二两，天津八两减至五两，客位亦减
至七折或一半"。[①]

在开展降价竞争的同时，商局积极扩大船队规模，增强运输
能力。1874年8月至1876年7月，商局陆续购进8艘轮船，包
租3艘华商轮船，争取在载运客货的规模上获得优势。[②]

有关数据表明，商局所采取的一系列措施，确实达到了"分
洋商利权"的目的。仅1873年至1876年，外资轮船公司收入总
共损失492.3万两白银，其间，中国商人少付给外国商人的费用
当在13.6万两白银以上。因此，李鸿章后来在给朝廷的奏折中
曾得意地说道："创设招商局十余年来，中国商民得减价之益，
而水脚少入洋商之手者，奚止数千成，此收回利权之大端。"他
在写给刘坤一的信中称，轮船招商局"实为开办洋务四十年来最
得手文字……谓中国第一好事"。[③]

三 唐、徐主持商局时盛宣怀的作为

1873年7月，李鸿章确定启用唐廷枢取代朱其昂主持商局的
工作，盛宣怀、徐润先后入局担任会办，第一次改组后的班子正

---

① 《国民政府清查整理招商局委员会报告书》下册，1927，第21、23页。
② 陈潮：《晚清招商局新考》，第92~93页。
③ 胡政主编《招商局珍档》，第149页。

式形成，由唐、徐二人实际主持商局的工作。

盛宣怀没有被李鸿章认可担当商局的一把手，内心自然有些失落，但是他明白，与唐廷枢相比，无论在招股集资、经营能力方面，还是在商界影响力等方面，自己还是略逊一筹的。盛宣怀在商局参与运漕、揽载及一切规画事宜，代表李鸿章"往来查察"，他虽"订明不经手银钱，亦不领局中薪水"，也"向未驻局办事"，但是，他很清楚李鸿章对他的期望。当然，这一阶段，他更多的时间在忙于办理湖北的矿务。

应该说，唐廷枢商本商办的主张与盛宣怀的"顾商情"思想是很相近的，因此，他对于唐廷枢的各项工作是持支持态度的。

盛宣怀尽管对朱其昂有自己的看法，但是他既然承担了商局的运漕、揽载工作，还是想有所作为，于是积极设法拓展商局漕运的业务范围。当时江苏粮道英朴出于维护本地沙船主的利益，不愿意增拨一部分漕运配额给商局。1873 年 12 月，盛宣怀主动出面与英朴交涉，"请苏漕六万"，英朴开始坚持原配额不变，后经李鸿章亲自出面施压，商局才得以遂愿。①

创设之初，轮船招商局是以租用部分福州船政局所造的轮船来开展业务的。1874 年初，随着以江南制造局、福州船政局历年经费的报销为中心的"船厂善后事宜"被提上清廷的议事日程，船政局要求招商局兑现租领官轮承诺的压力增大，因此，李鸿章几次督促唐廷枢"赴闽禀商"，就官轮"是否合用，果否承领，并租费若干，减价、保险若干"等问题，与船政大臣沈葆桢协商。1873 年末，唐廷枢赴闽虽达成请领"海镜"轮之意向，但

---

① 易惠莉：《易惠莉论招商局》，社会科学文献出版社，2012，第 13～14 页。

在"船厂善后一层",即牵涉费用的问题上,未能与沈葆桢达成共识,留待盛宣怀赴闽落实。盛宣怀赴闽后与沈葆桢交涉,由于租价比较低,与修理费用不可相比,于是盛宣怀提出以租价抵修理费用的办法来解决。对此,沈葆桢反过来提出船政局免收租费,而由招商局承担修理费用。盛宣怀觉得"免租认修,名为便宜,实则吃亏",继而提出"大修归厂"的要求,沈葆桢当然不会同意。最终确定,"海镜"轮为招商局租领,但修理费用仍没有得到落实。盛宣怀将自己的想法禀报给李鸿章,最后,还是由李鸿章出面,在毫未损及招商局与官方关系的情况下,使修理费用的问题得到彻底解决。①

盛宣怀在商局主事,坚持按原则办理。1874年4月8日,唐廷枢的好友、怡和洋行的买办贝锦泉来函,向盛宣怀推荐英国友人法乐,意欲使其任招商局保险行掌管,倘保险行不能,或当招商局总管各轮船之主事务亦可。由于唐廷枢事先规定"局中所有伙友,渠一概不用",加之盛宣怀认为这样重要的职位,不应由洋人来担任,于是他在贝锦泉的来函上,亲笔批道:"招商局总管拟用华人,保险局事,须俟秋中方有就绪,届时再当奉闻。"

1874年5月中旬,日本乘清政府筹备武力收复新疆之机,突然派出军舰占领台湾。盛宣怀再次被李鸿章委任为淮军后路粮台、会办淮军营务处,紧急调派到福建,协助统筹台事的沈葆桢,负责调轮船、运军队、运粮械等工作。盛宣怀来不及向唐廷枢交代手头的工作,就直接乘船赶赴福州。沈葆桢与李鸿章商议后,决定调正在徐州驻防的唐定奎部洋枪队6500人,赶赴台湾增援。盛宣怀不敢耽搁,又连夜赶回上海,与唐廷枢商议派船的

---

① 易惠莉:《易惠莉论招商局》,第14页。

事；运兵船刚刚起航，盛宣怀又赶赴天津，向李鸿章请示粮食、枪械的筹集与调运事宜。在关键时刻，轮船招商局派上了用场。盛宣怀在上海、福州、天津之间这几千里的路途上奔波。1875年，朝廷以盛宣怀"派赴台湾照料淮军营务有功"，官文保奏，奉旨以"道员缺出尽先题补"。

四　商局与旗昌等轮船公司的竞争

当时，商局的主要竞争对手是历史悠久、实力强盛的美国旗昌公司与英资太古洋行，商局毅然加入与它们竞争的行列。

旗昌洋行由美国人塞缪尔·罗素（Samul Russell）于1818年创办于广州，起名为"剌素洋行"，早期主要从事鸦片运输和贸易，鸦片战争后移师上海，改名为"旗昌洋行"。1862年成立美国旗昌轮船公司。旗昌轮船公司首开长江航运，并在一段时间内垄断了该航线。

轮船招商局成立后，旗昌与英国太古、怡和等轮船公司串通一气，采用大幅降低运费等手段想挤垮招商局。正如时任两江总督沈葆桢在一道奏折中所说的："各口通商以来，轮船之利，为外国所独擅。……旗昌捷足先登，几以长江为专家之利；太古继起，互相倾轧，装货搭客，随时跌价，虽亏本有所不计。……同治十一年，直隶督臣李鸿章奏明设立招商局……于外国洋行轮船外别树一帜，于是太古、旗昌两洋行有合力以倾我招商局，各项水脚减半，甚至三分之二。"① 旗昌、太古等公司把招商局赶出长江和沿海航线的意图不言而喻。

---

① 中国史学会主编《洋务运动》第6册，第12页。

商局虽然起步时间晚，但是逐步壮大，开办两年后，已拥有轮船 16 艘，"规模日见恢宏"。面对旗昌、太古的倾挤，商局想尽办法，与之抗争。从 1874 年起，英、美各家轮船公司的年利润都明显减少。

1862 年创立的旗昌，到 1872 年时，拥有江海轮船 19 艘，总资产达到 332 万两。[①] 但是自从招商局加入竞争以后，旗昌经营不善，越亏越多。从表 2－1 可以看出，旗昌在几年中衰落的大致情况。

表 2－1　旗昌轮船公司经营情况

年份	资本额（万两）	利润率（%）	轮船数（艘）	股票价格（两）	年红利（%）
1872	332	—	19	188	12
1874	225	8.3	17	80	7
1876	—	7.9	16	70	7

旗昌轮船公司航运经营遇到的挫折，首先使他们的股东心灰意冷，对旗昌在中国航运市场的前景感到悲观。当时正值美国南北战争后国内经济日趋繁荣之时，对美国来说，它需要更多的资金来重建国家，繁荣经济。与此同时，经济建设也给投资者提供了广阔的投资环境，旗昌的投资者都跃跃欲试。于是，不少旗昌的股东打算盘出轮船公司产业，将资金转向美国国内。他们认为，要想继续在中国保持轮船航运上的优势，就必须不断更新轮船设备，这需要投入大量资金，而与其在旗昌轮船设备上去投入资金，不如把资金投入前景看好的美国国内市场。[②]

---

① 刘广京：《英美航运势力在华的竞争（1862～1874 年）》，第 153 页。

② 陈潮：《晚清招商局新考》，第 92～94 页。

1876 年 8 月，旗昌方面有意散布收缩、出让的消息。盛宣怀、唐廷枢、徐润觉得机会难得，一起赶赴烟台向李鸿章禀商购并旗昌之事，当时李正在烟台督战，他以一时巨款难筹，"踌躇未许"。① 唐廷枢想压价收购，便赶赴香港商讨收购旗昌之事。尽管唐廷枢与旗昌在收购价格上没有谈拢，但此举进一步增强了商局的自信心，为日后收购旗昌奠定了基础。

旗昌得知招商局派出唐廷枢欲收购自己的船队，十分恼怒，于是就和太古联手，进一步与招商打起了价格战。他们几次回国调取资金，用降低价格的办法招揽客货，欲使商局的船无人可载、无货可运。加之沈葆桢主管的南洋也有了自己的船队，商局已经分不到两江的"漕运"，一时间处于十分危险的境地。

商局虽然遇到了许多困难，但还是充满了生机，在中国的水域内，顽强地与外国轮船公司竞争着。

五 选择丹麦公司协助架设津沪电线

1880 年，中俄关系紧张，李鸿章深感"瞬息之间，可以互相问答"的电报的重要性。当年 9 月 16 日，他以"通南北两洋之气，遏洋线进内之机"的有力理由，向朝廷上奏，请求架设南北洋电线，提出"如由天津陆路沿运河至江北，越长江由镇江而达上海，安置旱线，即与外国通中国之电线相接，需费不过十数万两，一半年可以告成"②。李鸿章的奏折很快得到朝廷允准。1880 年 9 月 18 日，清政府正式批准了这项工程。随后，李鸿章

① 中国史学会主编《洋务运动》第 6 册，第 59 页。
② 胡政主编《招商局珍档》，第 416 页。

于 10 月在天津设立电报总局，派盛宣怀任总办；并在天津设立电报学堂，聘请丹麦洋教习为工程培训技术人员；同时委托丹麦大北电报公司向国外订购电信器材，为建设津沪电报线路做准备。

事实上，当时除了丹麦大北电报公司之外，沙俄、英国、法国、美国等国的电报商都希望介入这项工程，出于政治与技术上的考虑，盛宣怀认为选择丹麦的电报商比较合适。丹麦人是最早在中国海岸架设电报线的，为了达到在中国通报的目的，他们当时还要了不少手段。此前李鸿章委托他们修建大沽、北塘至天津的第一条军用电报线路时，受到他们的种种阻挠与刁难。津沪线路工程之所以做出这一选择，一是丹麦国家小，并无大志，便于谈判与交涉，不像英、法、美、俄有过多的政治、经济上的要求，请丹麦的公司来协助架设电报线，后续的事情比较单纯，相对容易驾驭；二是大北是最早在中国设线的公司，在电报技术上力量较为雄厚，与之合作在技术上有保障。日后的事实证明，大北对于中国电报事业的发展尽心尽力，大北公司的出力与合作，博得了李鸿章的好感。但是盛宣怀并没有因此而放弃自主之权，他在《上李鸿章禀》中提到，"是以职道在津，禀明宪台，嗣后雇佣此洋匠，第一层应择留霍洛斯、博怡生二名，分在津沪，以资熟手。其余六名酌量选用，免向外洋另顾，以节川资。第二层应将薪水仍由各洋匠径领，不得由该公司转发。如果有一不允，宁可另顾洋匠，以保我自主之权"。[1]

1881 年 4 月，委托大北电报公司订购的器材全部运抵天津。在大北电报公司的帮助下，天津电报总局从上海、天津两端同时

---

[1]　王尔敏、吴伦霓霞编《盛宣怀实业函电稿》，中研院近代史研究所，2005。

开工，至 12 月 24 日，全长 3075 华里的津沪电报线路全线竣工。架线所花的费用为湘平银十七万八千七百余两。1881 年 12 月 28 日，上海电报局正式开放营业，收发公私电报。这是中国自主建设的第一条长途公众电报线路。

1881 年冬，津沪线完工之前，李鸿章在天津设立中国电报总局，并委派盛宣怀为总办，同时任命郑观应为上海分局的总办。这是盛宣怀自担任轮船招商局会办，主持创办湖北煤铁开采总局，经营广济、大冶矿务之后，承担的又一项重大的实业。

六 精心组织、规划津沪电线工程

盛宣怀从 1880 年夏开始进行津沪电报线建设的筹备工作。首先建立组织机构，部署人事安排。天津电报总局之下设有七处分局，均为官款官办，盛宣怀负责与有关各省地方官交涉、设立分局。1881 年 12 月 4 日的《申报》记载："自总局外，紫竹林、临清州、济宁府、清江府、镇江府、苏州省、上海县共立七分局，计共总分八局，每局各延洋人一名总司报务。"李鸿章曾于 1877 年在大沽炮台试设电报线，因此大沽局早于津沪线而存在，当津沪电报线建成后，大沽局纳入其管辖。

各分局负责人分别为：上海分局郑观应、谢家福，苏州分局刘庭来、谢庭芝，镇江分局严作霖、张世祁，清江分局陈同源，济宁分局陈锡纯，临清分局朱福春。

天津电报局是盛宣怀第一次独当一面的大型机构，津沪电报线路架设工程是盛宣怀承担的第一项大型工程。从工程技术知识上看，电报是全新的东西，盛宣怀从来没有接触过；从工程施工组织管理上看，工程距离之长，地理环境、气候条件差异之大，施工难度之大，他也从来没有遇到过。圆满地完成线路架设，对盛宣怀而言确实是一次严峻的考验。应该说，敢为天下先，是每一个创业者的优秀品质，这在盛宣怀身上体现得更为突出。为此，他更加注重学习，向郑观应请教，向丹麦工程师学习。同时，他要求在电报学堂学习的每一个成员认真完成学业。

为了加快津沪电报线路的架设，盛宣怀聘请丹麦大北公司洋监工霍洛斯制订详细的工程进度计划，霍洛斯做出的规划表明：津沪线路"每日可做二十里，自津至沪二千八百里，计须做工一百四十天，以五月初一动工，除下雨耽搁之日，计需十一月内完工，大约来岁封河之后总可通报"。

这么长距离的工程，要组织人力、物力有序地实施，这在中国历史上是极其罕见的，没有现成的经验可以借鉴。为提高工程进度与效率，津沪电报线采取南北两地同时开工的修建方案，盛宣怀设立南北两个督造电线工程委员会，负责全线工程，任命佘昌宁为北路负责人，王锦堂为南路负责人。

盛宣怀与霍洛斯反复商讨，认为"材料及应用器具，必须分布各段以便临时取用，拟以二百里左右为一段，分作十六段为存材料处，除天津、临清、济宁、清江、镇江、上海、苏州七处本须设局外，其余兴济、连镇、故城、史家口、夏镇、台儿庄、宿迁、高邮、常州九处设存放物料栈房九处，已经酌妥，二等分局应设几处，再行随时督定"。对于施工技术人员及工人，请洋匠做了培训，特别针对掌握工程进度方面进行培训，防止雨天拖累工期。

为了加强对施工过程及日后的管理，盛宣怀确定"五十里应设一巡电房，选派本处巡兵二名，以资巡逻，每月酌给津贴银数两，凡该管五十里之内，均责成该营兵往返巡逻，由霍洛斯及各洋匠教其接线通电之法，并收拾之法，以便遇损即修，免耽要信，并由地方严谕各段地保认真看守勿使损失，俟另定保护章程，再拟详请通行"。此外，盛宣怀规定："电线安置一段即设巡电房，其巡电房存料处，皆分隶七局，就近照管，以相维系"。确保一段工程完工，经过验收之后，就纳入相应的分局予以管理。

为了保证工程施工顺利进行，盛宣怀强调："沿途设线请专派熟悉大员照料，山东、江苏应请咨行各派妥员届时会同照料，以免耽误日期"。

七　津沪电线工程全线竣工

1881 年 4 月，在盛宣怀的主持下，中国第一条长途公众电报线路架设工程，比原先预定的开工日期提前一个多月，从上海、天津两端同时开工。

为了保证工程进展顺利，李鸿章除用淮军军饷垫付建设费用外，还动用军工协助施工，逐段派定巡兵，并由地方政府颁布晓谕，令"民人一体知晓，庶设线到境，不致阻碍耽延"。线路沿途设移巡电房，由绿营汛兵看守。[①]

7 月 5 日，上海端第一根电线杆在南京路（近外滩）大北电报公司门前竖立，约每 50 步立一线杆。8 月，电报线架至苏州，新式植杆工具挖洞铁钎派上用场，将铁钎插入土中左右旋转，片刻即可挖成，操作自如，"苏人得未曾见，故观者皆啧啧称奇"。初选路径街道狭窄且店铺林立，故立杆困难，后改取地域宽阔之

---

① 顾廷龙、戴逸主编《李鸿章全集》卷 10，安徽教育出版社，2007，第 133 页。

处，工程速度明显加快，每日可成 10 里左右。施工中采取每建
成一段即试通一段的办法，为全线之畅通提供了保障。8 月中旬
上海—苏州段完工，当即试行通报。

1881 年 8 月 18 日，《申报》报道了电报在苏州试验的情形：
"苏州电局员董以自申抵苏各处工程已竣，恭请抚藩臬三宪赴局
试验。三宪均于午前亲自驾临发报至沪，即赴七襄公所午膳。膳
毕，申局回信已到，时刻不爽锱黍"。苏沪间电报往返需一顿饭
的时间，较之传统驿递传送已是极大进步，因此获得人们的赞
叹。当时苏州电报局还每日代传钱业公所报送申地行情两次，
"惟各项寄报尚未议定章程"，故暂不收费。

整个施工进程按最初的规划顺利地展开，但是，一开始在有
些地段遇到不少麻烦。少数乡绅带领部分乡民进行阻拦，造谣说
所架设的电线杆，亵渎了庙里的菩萨，破坏了当地的风水，不让
工程队施工。更有甚者，施工队白天架设的电线杆及相关的器
材，晚上就遭到乡民的破坏。为此，盛宣怀要求地方官府认真查
处，杜绝再犯，并请地方大员布置各段地保对乡民进行教育，逐
渐平息了乡民的盲目行动。

为了如期完成工程，工程技术人员及施工工人克服各种困
难，风餐露宿，不顾恶劣的气候条件，冒着日晒雨淋，抢赶工
期。盛宣怀多次到有关工段视察，看望技术人员及施工工人，确
保工程质量达到标准。

9 月，南路已造至镇江；北路工程亦进展顺利，已造至距京
700 余里之山东临清。报载电报局计划各路通行须设立分局 30
处。11 月，北路电线造至台儿庄，"适当自沪至津道途之半，其
由津而南者大约两礼拜内可以两边接连矣。然则电线之成功可计
日而待，亦一可喜之事也"。11 月，南路镇江段建成；12 月，山

东境内南、北线路工程会合。12 月 3 日，总理衙门的一封电报由天津电报局传送至上海，转由上海外国电线行寄至德国使署，"是为中国电报试传外洋之第一信"。12 月 8 日，津沪电线架设完工。因清江浦和济宁两局机器尚未装妥，故延至 12 月 24 日全线始行试通，并照章收资。向公众开放之前，先由政府试用。

整个工程历经 250 多天，经过工程技术人员及施工工人的共同努力，1881 年 12 月 24 日全长 3075 华里的津沪电报线路全线竣工。12 月 28 日，电路沿线各局正式向公众开放营业。1882 年 1 月 16 日，《京报》所载谕旨第一次由天津电传至上海申报馆，《申报》也成为国内首家使用电报的中文报纸。总理衙门发往外洋的电报由信局交到天津电报总局后即可发递，较之以往需"由沪转寄"更为迅速。总理衙门将此事知照出使各国大臣，清廷驻秘、日、美公使知电开售，均"喜极"。对这些驻外使臣来说，中国自建电报的成功无疑具有更为重要的意义。①

八　中国电报为工商、民众服务

津沪电线通报后，经营 4 个月，亏损甚大。自 1882 年 4 月 18 日起，改为官督商办，招股集资，分年缴还官办本银（湘平银十七万八千七百余两），听其自取报资，以充经费。盛宣怀、郑观应、经元善、谢家福、王荣和等集股湘平银八万两，是其创办资本。也就是说，民营资本从一开始就介入了中国电报业的发展。

津沪线路开始营业，标志着中国电报除了为军事服务之外，

①　韩晶：《晚清中国电报局研究》，博士学位论文，上海师范大学，2010，第 48 ~ 49 页。

开始正式为工商、民众服务。一开始津沪电报线为公众发送电报，采取根据通报距离远近收取不同资费的办法。如由上海发报中文字每个字的价格为：至苏州一角，至镇江一角一分，至清江浦八分五厘，至济宁九分，至大沽口一角零五厘，至天津一角五分。以上价格都是以银元计算。①

1881年，上海电报局开始筹办津沪电报线南段扩展延长架线工程，南洋大臣刘坤一指派金陵制造局道员龚照瑗委托大北电报公司代建镇江至南京的陆线，计160华里。1883年又增设南京下关（沿长江）、江阴、吴淞等线路，共434华里。同年，经清政府批准，两江总督左宗棠开始架设沿长江的宁汉电报线，自南京起，经芜湖、安庆、大通、九江至武汉，全长1630华里，于1884年建成。

1882年，开始架设天津至北通州（今北京通州区）和上海至苏州、常州、镇江、扬州、江宁、徐州、海州（今连云港）、南通州（今南通），以及济南至烟台、青岛、胶州、青州、济宁、泰安、德州等处的电报线。这些线路，加上沪粤线、广州—龙州线等线路的架设，对保障中法战争的胜利起了重要作用。由于上海电报局在电报线路上的地位日益重要，1884年升格为上海电报总局。

加强对电线的巡护以防毁损，是保证电报通达不可或缺的环节，电报总局在平时就已相当重视，战时则更为严格。如1885年中法战争之初，电报总局即向所属各电局发出通饬："关外军报重大，即移饬各营汛认真巡守，如有错误，定予参处！"这一切使得人力物力的投入大为增加，保护的力度从而加大。沿途杆

---

① 一枚银元重旧制秤0.72两，约合22.5克。

线向来责成各汛管修，每局只用工头一名，现须添用工头，以备随损随修。洋匠工竣本可裁撤，现因官报紧要，学生、工头尚多生疏，所有洋匠十名尽行留用，岁糜洋银三万元左右；其他薪水、工食、纸张、油烛皆比平时增至数倍。

当时海防吃紧处如两广、闽浙等省，因已开通电报，各该处将军督抚亦纷纷以电报奏陈"紧要事件"。这些情况使得头等官报数量剧增，从而造成打报拥塞。为此，电局不得不再将之分成缓、急两类，急报先递，以期无误戎机。1884 年 7 月 28 日，有关方面建议："各局转禀各大宪，近日一等官报络绎不绝，其中缓急，局不知也。恐倒置误事。请将急报加一急字，以便在官报内先其所急。"1884 年 10 月，郑观应一度向李鸿章建言："华商所设各处旱电报之处宜归华官办理，不准传递商报，泄漏军情。"体现出电局对畅通军务电报的努力，以及商董对清政府利用电报以应对战争的支持。①

头等官报使用主体范围的拓展仅为战争需要，故战争结束后又将之调回，"现在军务既平，仍按照奏定章程，凡总理衙门、各省督抚将军、出使各国大臣官报列为头等，其余各省提镇司道，及防营局所炮台兵船、各路印委官员寄报，照三四等章程，令其自行出费，庶官款不致虚糜"。从一个侧面反映了电报总局的办局宗旨。

---

① 夏维奇：《清季电报的建控与中外战争》，《历史教学》2010 年第 7 期。

第三章 轮、电二局与西方列强的争斗

一 争夺长江及沿海航运的主动权

轮船招商局的创办，就是为了从西方列强手中夺回长江与沿海航运的利权。美国旗昌轮船公司得知商局派出唐廷枢欲收购自己的船队，十分恼怒，于是和英国太古联手，进一步与商局打起价格战，使商局一度处于十分危险的境地。

在商局主持工作的徐润，无奈写信给正在湖北勘矿的盛宣怀，请他回商局一起想办法。经过分析，他们认为只有请两江总督沈葆桢帮忙，让两江船队分出一部分"漕粮"给商局运送，才能帮商局渡过难关。但是，沈葆桢也有他的难处，盛宣怀几次赴南京都碰了钉子。盛只能再请李鸿章出面。在李的示意下，沈葆桢饬命两江漕运船队分一部分漕粮让商局运送，把两江划拨给福州船政局的煤炭、钢材等货物的运输也分出一些由招商局派船运送，使商局走出了困境。

商局面对旗昌、太古的合力倾挤，通过官商协力，克服重重困难，在中国自己的水域内与它们展开竞争。其实，与商局相争，旗昌并没有得到好处，它"力争一年，暗亏已重"，几乎无利可图。旗昌终于在竞争中败下阵来，其股票的面值跌掉了30%，股东的红利也大大缩水，迫使它打算放弃中国的内河航运业务。

旗昌轮船公司航运经营遇到的挫折，使他们的股东开始考虑打道回府，把资金收回，投入前景看好的美国国内市场。于是旗昌开始考虑出售它们公司的船产。

事实上，当时在中国长江及沿海的航运市场上，不仅西方列强的航运公司与轮船招商局在进行争斗，西方各国的航运公司之间也在发生着争斗。

旗昌欲出售船产的消息，不仅吸引了招商局的关注，也引起英国航运公司的兴趣。然而，英国同行并不都具备收购旗昌船产的经济实力。例如，英商华海轮船公司，身陷激烈的竞争，1876年时已无红利可分，每股面额 100 两的公司股票，市场价格只值56 两，前景十分黯淡，以致它们的股东准备说服招商局买下华海的船产。这一出让计划早有酝酿，1876 年 11 月已经得到当时正在伦敦的公司创办人加律治爵士的同意。当时，华海是仅次于太古的英商轮船公司，另外两家公司——"公正"和"北清"规模都较小，更没有能力买下旗昌的船产。唯一有可能盘下旗昌船产的只有太古轮船公司，但是太古原先是旗昌最强劲的对手，尤其是在长江航运上。旗昌显然不愿意看到被自己的老对手吃掉，而让对方称霸长江。因而，旗昌宁可把船产卖给招商局，也不愿意卖给太古。①

旗昌轮船公司急于出售船产，这对于正受西方各国航运公司排挤的招商局来说，实在是一次难得的机会。其实，商局自创立开始，面对外资航运公司的竞争与排挤，尽管在航运业务上积极拓展、奋力抗衡，但仍不免"暗中亏耗"。即使如此，商局的主

---

① 陈潮：《晚清招商局新考》，第 95 页。

事者还是认为，只要收购成旗昌，就减少了一个主要的竞争对手，对自己来说是利大于弊的。从旗昌方面来说，虽然它"与（商）局力争一年，暗亏已重"，"又见（商）局本已充，争挤无益，故有归并之意"。当然，旗昌的老板决定将船产卖给招商局，绝非心甘情愿，而是看到了商局日益发展的良好势头，才做出决定。

正如两江总督沈葆桢于 1877 年 1 月 9 日在上朝廷的奏折中所分析的那样："今春旗昌已有归并之意，其尚犹豫不决者，盖窥招商局亦在勉强支持，且专走长江轮船，该洋行尚可擅汉口、九江之力。自'江宽'、'江永'两船到，而旗昌气夺矣。"① 旗昌看到两艘新船加盟商局，自己的压力将进一步增加。不过，一旦旗昌的不利局面出现转机，或者旗昌的股东又将投资的意向转回中国，那么旗昌出售船产的计划就可能取消，招商局也将失去良机。

对于这种严峻的形势，盛宣怀看得十分清楚，他指出："旗昌、太古盖与抵牾，愿折阅巨资与我抗衡，尚不知鹿死谁手"；"现旗昌甘心归并，而我望而置之，或为太古、怡和所并，或另为洋商所并，则彼生力军与我相抗，年复一年，既不能制人，必至为人所制，前功尽弃，后患无穷"。② 事实上，当时旗昌、太古、招商局三者的实力大致相当，谁先进行船队的扩充，谁就可能掌握长江及沿海航运的主动权。因此，并购旗昌船产是市场竞争中十分重要的一环，是招商局与外商航运公司争夺长江与沿海航运利权的重大举措。

---

① 胡政主编《招商局珍档》，第 133 页。
② 《轮船招商局办事始末》（光绪八年），盛档。

二 沈葆桢支持商局并购旗昌

1876 年末，旗昌终于主动通过中介人——瑞生洋行的经理卜加士达与商局徐润接洽，表示愿以 250 余万两出售它所拥有的轮船、码头、栈房等全部财产，试探商局是否还愿意进行收购，并且以经理人即将更换、时间仓促为由，希望早日成交。①

当时轮船招商局只有 11 艘轮船在营运，全部资本才 75 万两。负责接洽的徐润因签订合同时间紧迫，十分着急，而唐廷枢、盛宣怀"均不在局，只余（徐润）一人主持"。②徐润一面派人去福建找唐廷枢回来，一面亲自赶到湖北广济武穴煤矿请盛宣怀回局想办法。盛虽然之前与徐存在一些分歧，但他对徐润与旗昌的谈判结果十分赞赏，表示筹款不难，并购旗昌船产之后，但以"船多货少，洋商争衡"为虑。为此，盛宣怀"乃同回南京，适唐景翁（唐廷枢）亦至，公同商酌"。盛宣怀待他所提和所顾虑的问题，唐、徐"均有解说"，三人取得一致意见后，亲自帮助徐润完成"正约"。盛宣怀"毅然请于幼帅（沈葆桢）以定此议"，"沈文肃公（沈葆桢）初以无款拒之，继经杏翁（盛宣怀）指筹各款约近百万，措词得体，颇动宪听。然款项仍未足，须再筹商。次日，杏翁复……禀见，又指某处有二十万金可拨……沈文肃公乃一面出奏，一面拨款相助"。③

确实，对于并购美商旗昌轮船公司，两江总督沈葆桢给予了

---

① 徐润：《徐愚斋自叙年谱》，江西人民出版社，2012，第 19 页。

② 徐润：《徐愚斋自叙年谱》，第 37 页。

③ 徐润：《徐愚斋自叙年谱》，第 37、20 页。

充分的支持。1876 年 12 月 28 日，沈葆桢在病榻上接见了盛宣怀、朱其昂、徐润等招商局主事人。盛宣怀以并购旗昌既可增强招商局实力，又可少一个有力的竞争对手为理由，向沈葆桢陈述并购旗昌的利害。其说辞的主要内容是：招商局已有轮船 11 艘，旗昌轮船公司有船 16 艘，并购后便可有 27 艘轮船"分布江海"，而外国在华航运公司"断无三十号轮船之公司"，因此，在中外竞争上招商局可处于有利地位。至于筹款方式，他们向沈葆桢建议：（1）劝令旗昌原有华商股本 20 万两投资招商局；（2）请两江总督奏拨官款 100 万两，免息发交招商局，分 10 年归还；（3）请两江总督"札饬两淮盐运司会同劝令两淮运商每一引搭银一两"，"便可招股七十九万二千两"；（4）请饬各藩司各海关道向通商口岸商人随时劝谕入股。沈葆桢对盛宣怀的说辞颇为赞赏，"告以（并购旗昌）中国利权所系，极当努力为之"。他决定摒弃成见，在来不及征询李鸿章意见的情况下，毅然同意筹借官款 100 万两予以支持，为并购旗昌打下了基础。① 次日，商局主持者唐廷枢、盛宣怀、朱其昂、徐润等联名向南、北洋大臣呈递禀文，报告轮船招商局并购旗昌轮船公司的前因后果，强调不失时机地并购旗昌对招商局发展的重要性。

沈葆桢的支持不仅使唐廷枢、盛宣怀和徐润等人信心大增，而且还具体落实了资金的筹集。有关历史资料记载，并购资金迅速筹齐，"计江宁藩司认筹银十万两，江安粮道认筹银二十万两，江海关道认筹银二十万两，浙江省二十万两，江西省二十万两，湖北省十万两，共一百万两"，"并奏准此

---

① 胡政主编《招商局珍档》，第 138、149 页。

项官本息银不限定额，与商民一体"。其余的款项则由招商局另行招股筹集。

1876 年 12 月 31 日至 1877 年 1 月 2 日，轮船招商局与旗昌轮船公司的代理商旗昌洋行函件往复。最后由唐廷枢代表轮船招商局与美国旗昌轮船公司签订正式合同，招商局以总价 222 万两银买下旗昌的所有产业，包括 7 艘海轮、9 艘江轮，各种趸船、驳船、码头、栈房以及位于上海外滩 9 号的办公大楼等，成为当时国内规模最大的轮船公司。收购旗昌的合同规定，轮船招商局必须在 1877 年 3 月前向旗昌支付 120 万两首付款，其余的款项也必须在以后的五年内分期付清。①

这是中国近代史上第一个成功的中资企业并购外资企业的案例，也是一个闻名业界的"蛇吞象"的案例，盛宣怀在最关键的收购资金问题上为商局做出了贡献。

三　商局与太古、怡和的第一次齐价合同

1877 年 1 月 15 日，旗昌轮船公司举行特别股东大会，22500 份股权中有 20000 份股权参加，大会做出将旗昌轮船公司出售给轮船招商局的正式决定。2 月 12 日，招商局与旗昌订立正式出让合同。同月，按照合同约定，招商局分数次支付给旗昌 100 万两购买船产的首付款。1877 年 3 月 1 日，商局正式接收旗昌全部产业。剩下的 120 余万两，按每季度支付规银 5 万两，每两年息八厘计，五年内付清。

1877 年这一年，商局的船队规模即从上一年的 11 艘 11854

---

① 中研院近代史研究所编《海防档·甲·购买船炮（三）》，第 946～947 页。

吨，猛增到 29 艘 30526 吨。各通商口岸进出中外轮船吨位数的占比，由 1872 年之前的 0∶100，变为 36.7∶63.3。① 正如 1877 年 3 月 2 日《申报》上的文章所说："从此国家涉江浮海之火船，半皆招商局旗帜"。

1881 年，李鸿章在给朝廷的奏折中称，招商局已占"江海生意之大半"，"统计九年以来，华商运货水脚少入洋人之手者，约二三千万，虽为薪工、修理、局用所耗，而其利固散之于中华，所关于国体商务者甚大。该局船不时驶往东南两洋，今且骎骎开驶赴西洋之先路。直、晋、豫等省旱灾之时，该局承运赈粮，源源接济，救活无数灾民。往岁台湾、烟台之役，近日山海关洋河口之役，该局船运送兵勇迅赴机宜，均无贻误，洵于时事大局有裨"。② 李鸿章在奏折中所做的总结，从一个侧面反映了招商局并购旗昌船产后所取得的成绩。

招商局并购旗昌轮船公司后，在中国轮船航运市场上，能和轮船招商局并驾齐驱的外商轮船航运公司只有英商太古轮船公司和怡和轮船公司。于是招商局马上就面临着与实力强劲的太古和怡和的竞争，为此，商局选择与外商航运公司合作并存、依存共生的发展道路。

在并购旗昌之前，商局曾经以降价的办法与太古、怡和等航运公司抗衡。其间，为了共生，商局又不得不做出让步，例如，商局在 1874 年曾接受过怡和的合作建议，在上海至天津的航线上统一货运价格。然而，有时商局又主动放弃齐价协议，使得英美商人有些无所适从。商局并购旗昌迫使太古迅速增加投入，很

---

① 严中平等编《中国近代经济史统计资料选辑》，科学出版社，1955，第 221 页。
② 中国史学会主编《洋务运动》第 6 册，第 60 页。

快回英国购买了两艘专走长江的轮船；与此同时，太古再次降低长江航线运费价格：上海至汉口的货运，每百斤仅收一钱，上海至汕头的货运，每百斤仅收六分。此外，太古"又分一船走宁波"，增加上海—宁波航线的航班。

从商局方面讲，在并购旗昌之后，实力固然增强了，但实力增强的背后是它背负了沉重的债务，如果继续与太古、怡和在航运市场上降价竞争，势必影响营业收入，加重企业负担。

1877 年 12 月 20 ~ 25 日，轮船招商局与太古轮船公司反复磋商；12 月 26 日，签订齐价合同，主要涉及长江航线和上海—宁波航线，合同从 1878 年 1 月 1 日起生效，有效期三年。

1878 年 7 月，商局与怡和洋行的华海轮船公司签订同样性质的合同，有效期三年，主要涉及上海—天津和上海—福州的航线。

1879 年，商局在汉口又与太古轮船公司专门签订上海—汉口航线装运茶叶的齐价合同，作为 1877 年底所签订的长江航线合同的补充。①

这就是招商局与太古、怡和三公司的第一次齐价合同。这是招商局基于与外商航运公司合作并存、依存共生发展的经营思想达成的合同。

四　并购旗昌给商局带来的收益

对于招商局并购旗昌船产一案，历来褒贬不一。正如徐润所说："或赞其是，或斥其非。"② 两江总督沈葆桢说："归并洋行

---

① 陈潮：《晚清招商局新考》，第 128、134 页。

② 《徐润致盛宣怀函》（光绪三年六月初十日），盛档。

（旗昌），为数百年来之创见之事，必有起而议后者。"他认为："此事关系中国收回利权之举，有裨大局。"① 李鸿章则称赞并购旗昌之举，认为是"于国计与商情两有裨助"。②

首先，商局并购的旗昌船产，物有所值。从旗昌购入的 16 艘轮船中，一半仍然较新，如"江靖""江天""江孚""海晏""美利"等船；另有一些也基本完好，无须大修，如"镇东""江通""海珊"等船；比较陈旧而需要维修的轮船，只有两三艘，③ 且维修资金并不是太多。1877 年 12 月，上海道奉命查询招商局轮船事情，招商局致函答复道："查轮船二十八只，其中走各海口者十七只，走长江者九只，尚有'利航'、'美勋'两船留津驳运；内惟'江表'即'徽州'、'江汇'即'快也坚'两船稍有损坏，'海马'一船改作泵船，其余均能行驶。"④ 更重要的是，所购入的这些轮船的造型构造，在当时都属于比较先进的，具有吃水浅、速度快、载货多等优点，可与英商太古、怡和所拥有的轮船相媲美。1876 年 11 月，唐廷枢、盛宣怀等在给南、北洋大臣的禀文中指出，美国轮船在造型构造方面优于其他国家的轮船。盛宣怀他们认为，"吴淞所属淤浅，而商局、旗昌轮船吃水较浅，进出自如。所难者外洋大公司"；而"商局本无此种（吃水较浅）轮船"⑤，并购旗昌后，才拥有这种轮船。

其次，并没有出现盛宣怀所顾虑的"船多货少"的情况，当

---

① 《清季外交史料》卷 8，书目文献出版社，1987，第 29 页。

② 《李鸿章批复文稿》（光绪二年十二月），轮船招商局档案。

③ 《赫德拟招商局条陈》（光绪五年正月），盛档。

④ 《招商局复上海道查询各节》（光绪三年十一月十七日），盛档。

⑤ 《朱其昂、唐廷枢等禀文》（光绪二年十一月二十二日），盛档。

然"洋商争衡"确是加剧了。并购旗昌后，太古、怡和成为商局在长江与沿海航运市场上的主要劲敌，它们与商局的争斗更甚于前。正如盛宣怀所说：它们认为商局欠债甚多，乘机"故意减低水脚：上海至汉口每百斤跌至水脚一钱，上海至汕头每百斤六分，又分一船走宁波，以挠我势。使商局兼顾不遑，招徕难旺"①。由于商局将并购旗昌后的轮船投入运营，获利一分有半，实现了徐润在并购前"其势一分半可以座稳"②的估计，从而站稳了脚跟，使太古、怡和的如意算盘落了空。

并购旗昌后，商局的轮船确实"停驶三只"③，"停驶"的三艘轮船，并非是需要维修的旧船，而是在长江航行的三艘好船，即"江天"、"江汇"和"江靖"号轮船。④之所以要将这三艘好船停驶，主要是为了对付太古轮船公司在长江航线上的跌价竞争。太古在商局并购旗昌后，立即采取降低长江运费的办法来扼制商局，商局于是采取"停驶"部分船只，"免耗开销"的策略，来与太古抗衡，以争取在航运市场上的有利地位。

1876年7月，在商局并购旗昌之前，唐廷枢、盛宣怀、徐润等人就筹办了中国第一家保险公司——仁和水险公司。其股本全部存入招商局，业务也由局代理，它实际上是招商局的一个附属企业。并购旗昌之后，对于轮船的保险，"与其分任洋商，利自外溢，不若统归公局，利自我收"，⑤唐廷枢亲自出面，将局船一

---

① 《招商局始末及扩充办法节略》（光绪三年底），盛档。
② 《徐润致唐廷枢函》（光绪二年二月十九日），盛档。
③ 《盛宣怀致徐润函》（光绪三年十月下旬），盛档。
④ 《唐廷枢等上李鸿章禀》（光绪三年二月二十七日），盛档。
⑤ 《唐廷枢等上李鸿章禀》（光绪三年二月二十七日），盛档。

律收回自保。1878年，商局又创办济和水火险公司。盛宣怀在给南、北洋大臣的禀文中称："今春职道赴上海，会同商总验收旗昌船只，首筹保险可归自保，存保险之利，以折各船之耗……职道已明视此项稳利每年二十余万。"[①] 并购旗昌之后，局船自保为商局带来了巨额收益。正如后来李鸿章所说："旗昌既经归并，船只较多，局中可自行保险，此宗巨费，不致归于洋商，裨益甚大，所以光绪五、六两年，该具结账皆有盈余。"[②]

并购旗昌，给商局带来了收益，更是商局夺回长江与沿海航运利权的一次有力行动，使商局在中国航运市场竞争中的地位发生了根本的转变，对于国计民生的发展产生了深远的影响。

五　顽固派借并购旗昌弹劾盛宣怀

招商局并购美商旗昌的船产，原本是中国人在长江及沿海夺回航运利权的一场斗争。但是，在晚清这种腐败的政局下，中国人与外国侵略势力斗争，却常常遭受朝廷内部人的暗算，正所谓"明枪易躲，暗箭难防"。

事实上，当商局买下旗昌船产后，在实力大增的同时，它的压力与困难也大增。从资金方面看，商局欠下政府190万两的债，此外还有旗昌的未付款100万两，这无疑增加了商局经营的风险，光这两笔钱就够唐廷枢、盛宣怀他们几个挠头的了，而太古、怡和这两家英商航运公司又采用降价等手段与商局对抗。面对这些，盛宣怀作为并购旗昌的首要责任承担者，必然要采取措

---

① 《盛宣怀上沈葆桢、李鸿章禀稿》（光绪三年十一月初四日），盛档。

② 中国史学会主编《洋务运动》第6册，第58页。

施来降低风险。为此，他大抓内部整顿、科学管理。

1878 年 1 月，盛宣怀为商局拟定了招商局章程八条："一、官本应分别定息也。二、轮船应自行保险也。三、船旧应将保险利息摊折也。四、商股应推广招徕也。五、息项应尽数均摊也。六、员董应轮流驻局经理也。七、员董应酌量提给薪水也。八、总帐应由驻局各员综核盖戳也"。①并购旗昌船产后，招商局资本中官款的比例大增，款项分别来自南洋与北洋。为保障官款的利益，使之得以尽早归还，积极推进商局引进西方的企业制度，是盛宣怀制定八条章程的目的。这样，商局在唐廷枢、徐润等的具体负责下，按照新的企业制度运行，逐渐有了起色。至 1881 年，收购旗昌的支付款全部付清，并开始偿还政府的欠款。

盛宣怀在商局发展中的作用越来越大，他一直在"坚请督办"，希望能在商局拥有更大的发言权。

并购旗昌船产当然不可能是完美无缺的。例如，收购价格 222 万两规银，比有的外商估算的高出了 50 多万两；有的人认为收购的轮船中，有几艘陈旧不堪的木质轮船，不仅行驶迟缓，而且年久朽敝，难以使用。②类似的意见还有一些。

就在这时，以王先谦③为代表的顽固保守派掀起了弹劾招商局并购旗昌案之风。王先谦参奏招商局购进的旗昌轮船破旧，维修靡费，造成"经费愈繁，息银愈增"。④御史董儁翰在奏折中

---

① 盛宣怀：《整顿轮船招商局八条》（光绪三年十二月），盛档。

② 张国辉：《洋务运动与中国近代企业》，中国社会科学出版社，1979，第 161 页。

③ 王先谦，湖南长沙人，清末著名学者，在学术上取得巨大成就，但在政治上与洋务派、维新派势若水火。

④ 《刘坤一遗集》第 2 册，中华书局，1959，第 606 页。

称：购入的旗昌轮船多有闲置，耗费银两，"每年竟需赔银五六万之多"[①]。弹劾中盛宣怀的罪名是并购旗昌时"扣帑入己"和"侵渔中金"。

王先谦所指的盛宣怀的第一项罪名"扣帑入己"，即所谓购买旗昌时克扣钱财，中饱私囊。但是，这项罪名很快得到澄清，购买旗昌资产的知情者唐廷枢出来作证，他说：归并旗昌时，"画押之日，盛道已回湖北"，付款是在画押之后，盛宣怀没有机会"扣帑入己"。第二项罪名中所谓的"中金"是指中介费。事实证明，购买旗昌资产的"买卖双方面对面的成交，绝未假手于人"，既无中人何来"中金"。至于"花红"（即所谓津贴），经过核查，在整个购买过程中也根本没有发过。所以，这两项罪名都是莫须有的。

唐廷枢虽然在工作中与盛宣怀有矛盾，但是面对王先谦等人无中生有的指控时，他还是站出来为盛宣怀辩护，说："职道经手之事，固不便使盛道受不白之冤。总之，盛道于收买旗昌一事，仅与职道等主其议，而领款付款，盛道皆未经手，其因公而未因私，不言可知。且其在局从未领过分文薪水；凡遇疑难事件，顾公商酌，无不踊跃，向为各商所钦服。今以清白之身勿遭污蔑，亦不得不代声明。"[②]

其实王先谦等人真正想要弹劾的是李鸿章以及他所兴办的洋务实业。在招商局与外商货运公司争夺航运利权之时，他们的所谓弹劾，实际上是在为西方列强出力，在给轮船招商局帮倒忙。

①　中国史学会主编《洋务运动》第 6 册，第 19 页。
②　《唐廷枢禀李鸿章》（光绪七年），转引自夏东元《盛宣怀传》，四川人民出版社，1988，第 46 ~ 47 页。

正当"坚请督办"而尚未实现时，盛宣怀遇到王先谦等人的弹劾，有口难辩，不得不在1882年暂时离开了招商局。

六 坚持拆丹麦旱线

19世纪70年代初，洋人就想在中国开办电报业务。1871年，英国、俄罗斯、丹麦等国的商人，未经清政府的同意，擅自敷设了香港至上海、长崎至上海的水线，全长2237海里。同年4月，他们不顾清政府海缆不得登陆的规定，由丹麦大北电报公司出面，秘密从海上将海缆引出，沿扬子江、黄浦江敷设到上海市内登陆，并在上海南京路12号设立电报房。

出于无奈，清政府对洋人在中国架设电报线做出让步。1871年6月3日，丹麦大北电报公司（丹麦在华注册的公司）在中国架设完第一条电报水线后即开始通报，并在上海租界设立了电报局，开始了中国最早的电报业务。

盛宣怀担任中国电报总局总办之后，遇到与洋商竞争和争斗的问题更多。事实上，此前李鸿章委托丹麦大北公司修建第一条军用电报线路时，就受到他们的种种阻挠与刁难。

为了维护中国的权利，盛宣怀采取"先人一着"的办法，与之抗衡。他说："伏念各国交涉常情，凡欲保我全权，只争先人一着，是非中国先自设电线，无以遏其机而杜其渐"。[①]

1881年6月，丹麦大北公司提出《商议彼此电报交涉事宜》六条，企图逼迫清政府承认海线上岸这一既成事实。对此，盛宣怀坚决不予同意，坚持"拆丹麦旱线，以保中华国家之权，并以

① 盛宣怀：《禀李鸿章稿》（光绪八年），盛档。

服各国商人之心"的原则，对洋人非法架设的电报线该拆的拆，该买的买。这不仅涉及丹麦的利益，还涉及在丹麦背后为其撑腰的沙俄的利益，更涉及正虎视眈眈想要瓜分中国电报权益的英、美、日等国的利益。这对盛宣怀来说，实际上是政治、外交与个人胆识上的一场较量。

盛宣怀以清廷 1870 年关于外国"电缆线沉于海底，其线端不得牵引上岸，以分华洋旱线界线"的规定为依据，要求大北电报公司拆除其非法设置的上岸之线。大北电报公司岂肯让步，盛宣怀就豁出时间来与其对阵。他心里明白，如果这个回合打不下来，后面的麻烦将接踵而至，英、美、日、俄的气焰将更加嚣张。如果各国都在中国架线设电报局，中国电报事业就将被西方列强所霸占。

为做好拆除大北旱线的准备，1883 年 4 月 23 日，盛宣怀禀闽浙总督何璟，建议拆除厦门丹（麦）线，达到拒英线上岸的目的。4 月 28 日，他在函禀闽浙总督何璟时又说："现丹商所称厦门线端系由海滨岸边由地下水线直达屋内，虽与私立旱线有别，然已牵引上岸。如不理论，恐他日英商水线延及福州、汕头，亦必援照由地下引至洋房之内，届时难以拒绝。"①

盛宣怀坚持原则，与丹麦大北电报公司正面交涉，1883 年 4 月 27 日，盛宣怀与丹麦大北公司总办恒宁生商谈关于收回大北吴淞旱线以及厦门水线线端设于趸船不许上岸事。出于无奈，大北只好同意拆除吴淞到外滩的旱线，但拒不答应拆除厦门上岸之线，强调"厦门线端系由海滨岸边由地下直达屋内"，与吴淞旱线不同，盛宣怀据理力争，强调厦门之线虽与私立旱线有别，

----

① 夏东元：《盛宣怀传》，第 479 页。

然毕竟已牵引上岸，抓住厦门水线确已"上岸"这一基本事实，证明大北公司已违反了清政府的规定，所以一定要拆除不可。5 月 4 日，盛宣怀致北洋电称："大北拟照大东'海线不上岸'订约，已允将沪淞旱线归我，做到旱线收回权利。英丹一律就范。"①

5 月 19 日，盛宣怀与大北公司恒宁生签订《收售上海至吴淞旱线合同》。中国费银 3000 两买回大北公司陆路电线，作为对大北的适当补偿。同时规定："大北公司由日本、香港、厦门来沪之海线，现在吴淞与旱线相接，通至上海杨子路七号房屋，旱线除现今所系三条保留不动外，中国允再添线三条"，一方面保证中国与外洋陆、海线的连接，另一方面通过增设电报线，满足市场需要。收回淞沪旱线即可在报价上减轻中国商民负担，原"大北公司从上海至吴淞每一字收洋一角，利息极厚"，收回旱线后，报费"中国电局将来或可减价"。更重要的是，此举挽回了中国电信利权，因此，得到民间高度评价。正如 1883 年 5 月 24 日《申报》所述："从此中国旱线皆归中国自有，洵可谓保全自主之权也。"

盛宣怀采用"杀鸡给猴看"的办法，抓住丹麦大北公司不放，终于拆除了其擅自架设长达十余年的淞沪旱线。

七　针对英国大东沪港海线的维权行动

1882 年，英国大东电报公司计划铺设新的沪港海线。同年 10 月，英国驻华公使格维纳搬出同治九年总理衙门准许其设立海线

---

① 夏东元编著《盛宣怀年谱长编》（上），上海交通大学出版社，2004，第 174 页。

的议案，以丹麦大北公司已设淞沪旱线为由，要求也在上海架设陆线。面对大东的这一无理要求，上海道邵友濂虽同英国驻沪领事多次交涉，但都未能奏效。淞沪旱线的悬而未决成了列强进一步侵犯中国的借口，迫使电报总局必须采取办法，解决这一问题。

盛宣怀面对大东的挑衅，明确指出："伏查自苏至粤，海口甚多，前此大北海线仅通香港、厦门、上海三处。若准各国援同治九年奏案另设沿海水线，则海口皆通，驳驳乎有入江之势。从此我有机要，彼尽先知，我有官书，转须假手，反客为主，关系匪轻"①。他一方面积极组织广州华商集资自建沪港陆线，以抵制英人的企图；另一方面下决心通过拆除丹麦大北公司的淞沪旱线，以堵住英人的嘴。

在实际工作中，他亲自出面与大东公司特派总办滕恩进行商谈，协商解决大东铺设沪港海线及线端登岸的问题。相比于邵友濂一味坚持阻止大东设线和不让线端登岸的做法，盛宣怀与滕恩互有退让的商业谈判，更加获得英方的认可。1883 年 3 月 19 日，英国驻华公使格维纳向总署递交的节略中称："（大东公司）与华公司之董事俱已议妥，线端于吴淞上岸安设，自吴淞通达上海之原线，欲议易为中国之物。倘英商由吴淞寄上海往来信件，亦准由此线收发。"3 月 29 日，总署回复道："惟英商既与华公司会同商办，如果彼此两无窒碍，仍由英商与华公司妥议办法后，本衙门再行查核可也。"由此，总署将此事的谈判交给了电报局。②

① 盛宣怀：《设电报沿革》（光绪三十二年），盛档。
② 王东：《近代中国电报利权的维护：以 1883～1884 年中英交涉福州电报利权为例》，《重庆邮电大学学报》（社会科学版）2011 年第 6 期。

1883 年 3 月 31 日，中英两电报公司在上海签订《上海至香港电报办法合同》。此合同规定：允许大东公司铺设沪港海线，但线端不得牵引上岸，只能在上海附近南汇县洋子角设泵船，将海线头置于其上，与中国旱线相接。大东不得设水线至宁波、温州、厦门、福州、汕头、广州以及各海口。中国可将广东电线通至香港，与大东电线相接。合同中允许大东设沪港海线，因总署在之前就已经允许，已无法挽回。但该合同取消了 1870 年协议里英国可在上海以南各通商口岸设线的权利，并规定中国可将电线通至香港与大东线相接，使中国电报局获得了一个报费丰厚的地方。因此，这份合同对中方更为有利。

之后，英方发现 3 月 31 日所签合同对他们不利，要求重议。4 月 10 日，滕恩亲赴上海道台衙门面告邵友濂："英电谓福、汕两口如果不允，限大东两日内即将英线硬进浦江上岸"①。张树声电告盛宣怀，总署对此事的处理意见是："或放松福州一口，或另有妥妙之法，应由该道等相机办理"②。由于有总署这一意见，面对英方有"意甚决裂"之势，盛宣怀认为，如果对方坚持索要这两口，可以退让一步，让出其中一个口岸，"在原订合同第四条下添注福州一口"，以维持原订合同。英方的打算是重新订立合同。盛宣怀深知前次合同争回的权利实属不易，若重立合同，那些好不容易争回的权利又会有失去的危险。为此，盛宣怀强调，对于前约"坚持断不能废，只允提出福州一口，听总署核定另立专条"③。

随后，中英电报公司经过反复争论，在相互妥协下，双方又在 5

---

① 《上海电报局盛道来电》（光绪九年三月初五日），盛档。

② 《张树声致盛宣怀电》（光绪九年三月十一日），盛档。

③ 《沪电局盛道来禀》（光绪九年三月十七日），盛档。

月 7 日签订《续订上海香港电报章程》，作为对上次合同的修订和补充。此章程与前合同相比，增加的实质性内容是：中方允许大东海线进入福州或汕头其中的一个口岸，但海线头只能安置在停泊于通商口岸外的趸船上，中国设上海至吴淞旱线一条，以接大东海线；并规定凡日本至香港及香港至日本的电报，经过上海吴淞旱线，中国应照收上海至香港报费每百分之一分，中国各处往外洋及外洋至中国各处来往电报费，应取每百分之二分五厘。① 5 月 9日，电报总局自设上海至吴淞旱线开工，并在吴淞新设电报局管理。中国从收回淞沪旱线中获得一定经济收益。

从与英商大东的交涉中可以看出，1880 年天津电报总局成立后，中外关于电报利权的交涉出现了重要变化。这时中方有了自己的电报公司与外商电报公司进行交涉，并取得较好的成绩，收回了已经丧失的部分电报利权，遏制了外商觊觎中国陆地电报利权的图谋。

八 与大东交涉海线在福州的安放

在《续订上海香港电报章程》中，中方允许大东海线进入福州或汕头其中的一个口岸，但海线头只能安置在停泊于通商口岸外的趸船上，大东最终选择了福州口岸。但它仍试图将其海线引上福州陆地，在陆地上与中国旱线相接。于是大东海线的安放问题，成了中英双方交涉的焦点。

1883 年 5 月，盛宣怀与大东总办滕恩接触。在谈判中，盛宣怀极力维持原订合同，力争不让大东海线在福州上岸与中国旱线

---

① 《续订上海香港电报章程》，中研院近代史研究所编《海防档·丁·电线（三）》，第673 页。

相接。滕恩却屡以口岸外难以泊船和大北海线已在厦门登陆为由，坚持要将大东海线在福州登陆，并声称："将上禀中国朝廷，请准将电线登岸，置放于电线房中。"①

随后，大东公司便请英国公使在北京进行活动。6 月，英国驻华公使格维纳向总署提出准许大东海线在福州与中国旱线相接的要求，得到总署允准。因为在总署看来，"大局既妥，此不过示英人以格外交好之意"。得知此消息后，盛宣怀深感如允接线则会"损权利，破成约"。于是，他立即致电天津，向北洋大臣幕僚薛福成诉说允许接线的弊端："今忽允接线，损华局利权尚小，恐此节独不令局与闻，则局与英丹成约，藩篱自破。顷大北已有改悔之言，以后局难开口"②，并嘱托薛福成将此电密禀北洋大臣张树声，希望张说服总署收回允许大东在福州接线的许诺。

张树声十分认可盛宣怀的意见。为使总署既保留面子又可推掉已答应英使的允诺，张向总署提出一个计策，即告诉英国公使，前次允准接线时，还未接到上海电局寄来的合同，而现在合同已到，认为"福州只能离口设立趸船，其与中国旱线相接一节，系章程所无，有窒碍，仍应令大东公司自与中国电报局妥商"。

随后，总署采纳张树声的建议，致函格维纳，指出大东在福州设立海线，"总以查照中国电报总局、英国大东公司两次会议订立章程，彼此议定合同为据，所有福州电线系离口设立趸船办理"③，推掉此前接线允诺。6 月 24 日，张树声将此事进展电告

① 《滕恩致盛宣怀函》（光绪九年五月二十五日），盛档。
② 《总署收署北洋大臣张树声函附电》，中研院近代史研究所编《海防档·丁·电线（三）》，第696页。
③ 《总署致英署使格维纳函》，中研院近代史研究所编《海防档·丁·电线（三）》，第698页。

盛宣怀:"顷接总署复函,已照订定章程函致格使,大意云总以查照中东两次会订章程,彼此议定合同为据,并面告格所遣禧在明,以此事沪局与东司订立合同,顷与沪局商量,方与前议相符,可谓斤言居要。总署已挽回前说,滕恩、闽员到沪,阁下自可据约与辩。"① 同日,张树声在给盛宣怀的信函中也表示:"此事总署据合同为言,推归外间规矩,从心挽回,尚为妥速,阁下自可据约与争。东司本无理,当不能过为狡执。"② 由于张树声的努力,总署最终推掉接线允诺,将此事交由盛宣怀办理。

大东公司一边在上海与盛宣怀进行商谈,借助英公使在北京展开交涉,一边积极在福州进行活动。它们试图绕过难以应付的盛宣怀,通过直接与福建当局接洽来达其目的。为此,大东一方面请英国驻福州领事与闽浙总督何璟进行沟通;另一方面由滕恩亲赴福州,与福建通商局人员进行洽商。面对英方这一行动,何璟等人始终都以上岸接线"诸多窒碍"为由,回绝对方的请求。

由于在福州碰壁,滕恩只得返回上海,再与盛宣怀商谈。这时滕恩仍要求在川石山岸边设水线房安置线头,但提出如中方不允接线,"只求中国福州旱线将长门一局由我展至川石山,其水线所接之报,交南台及川石山华电局代寄"的办法。对此办法,盛宣怀认为:"于利权尚无关系,而于约款实系通融",但是如果能做到让大东在川石山停泊趸船便最好,因此其又禀请何璟派人对川石山进行实地勘查。③

此时,正当中法因越南问题剑拔弩张之时,清廷为快速获取

---

① 《张树声致盛宣怀电》(光绪九年五月二十日),盛档。

② 《张树声致盛宣怀函》(光绪九年五月二十日),盛档。

③ 夏东元编著《盛宣怀年谱长编》(上),第182页。

越南的情况，必须依赖大东海线传递消息，因此，盛宣怀在谈判中不可能过于坚持而不松动。为尽快解决问题，他提出允许大东将趸船停泊在闽江口内长门或金牌的设想，这样就可按照约章，让大东将水线头安置在趸船内。但是何璟认为"长门、金牌在川石之内十余里，两岸对峙，均建有洋式炮台，派有营勇驻扎，实为福州口锁钥攸关，万难准其移设线船，于防务大有关系"。① 由于何璟的反对，盛宣怀放弃此方案。事实上根据何璟派人对川石岛勘查的结果，大东并未按照合同在该岛停泊趸船，而是"只泊十余吨驳船一号，安放线端"②。盛宣怀得知情况，即与滕恩交涉。此时因英国新任驻华公使巴夏礼即将抵达上海，滕恩借此提出暂不更换趸船。

　　盛宣怀早已觉察到巴夏礼来华的使命，在给李鸿章的汇报里指出："滕以巴使将至，语多恃强……近日见面不提格使所言，白犬岛接线滕未说起。滕意非巴使来不甘心。"③

　　巴夏礼到达上海后，于9月同盛宣怀进行了两次晤谈。在会谈中，面对巴夏礼为何不让大东海线在福州上岸的质问，盛宣怀从商人利益的角度出发，巧妙地回称：大东海线上岸后，必然要在福州设立公司，这样就会夺去中国电报公司利益。盛宣怀还不断劝说巴夏礼，大东在福州设线事情只需吩咐给公司去办，并称："巴大人到京应办要事甚多，此系小事。倘问总理衙门，恐亦要推到外边来。"④ 随后，盛宣怀将其与巴夏礼的问答节略呈送

① 《何璟致盛宣怀函》（光绪九年五月二十八日），盛档。
② 《何璟致盛宣怀函》（光绪九年六月十日），盛档。
③ 《复总署论闽省海线》（光绪九年八月初二日），盛档。
④ 《总署收北洋大臣李鸿章文》（光绪九年八月十八日），中研院近代史研究所编《海防档·丁·电线（三）》，第768页。

李鸿章，并请李转告总署，让总署尽量将此事推到外边办理。此外，他在呈给李鸿章的一封信函中自称其与洋人交涉的原则是："与彼族议事，无不先立个主脑到底，与他磋磨，决不朝三暮四。"而对于此次交涉，他指出："闽线之事，上游似肯放松；职道因要保全东、北两司合同，是以不避艰难，宁可目前多费唇舌，免得后来愈趋愈进。"①

尽管盛宣怀在上海与大东方面进行数次交锋，但毕竟不比到现场处理方便。11月4日，盛宣怀邀滕恩一道乘船到福州现场考察。到达福州后，他们亲赴川石山，到达大东停船的地方时，看见大东用的果非趸船，而是"游玩之船，拔去桅杆，将就应用"。于是盛宣怀当即质问滕恩为何不遵照合同使用趸船，滕恩此时的解释是，遇到飓风时趸船也不能保证无事，而用小船可以在有飓风时停到浅水区避风，这样就可以保证人员的安全。然后滕恩又抱怨道："现司报两人住川石山东岸，相隔趸船五六里之遥，遇岭翻山，道崎径仄……往返日三四次，不胜烦苦，致使辞职而去者屡矣"。②

考察完回到南台后，盛宣怀与滕恩就大东海线是否在川石山登岸的问题又进行一番辩论。最后，坚持大东在川石山设趸船安置线头已不太可能，因为即使现在不允许大东引线上岸，大东以后也可能会借口风浪大，将趸船强行停泊到口岸内。经过再三权衡，盛宣怀认为："与其趸船进口而上岸，仍难堵御，不如海滨上岸而离口，较易防闲。"③于是，11月19日，盛宣怀与滕恩在福

---

① 《盛宣怀上李鸿章禀》（光绪九年八月十八日），盛档。

② 《与大东电报公司谈判申报事宜清折》（光绪九年十月八日），盛档。

③ 《总署收北洋大臣李鸿章文》（光绪九年八月十八日），中研院近代史研究所编《海防档·丁·电线（三）》，第808页。

州议定《福州电线合同》。此合同共有八款，主要规定：（1）大东可将海线引至川石山岸上，并可岸边租屋安置线头；（2）大东海线不能进入口岸内，如违此规定，福建官方可随时割断其线，并且以后永远不准在未设海线的中国沿海口岸及所辖远近各岛安置海线；（3）中国将长门旱线展至川石山，长门电报局也移到川石山，代大东转递海线电报，但不能与大东海线头相接。[①]

此合同是两公司在相互妥协下所取得的结果，对中方而言，阻止大东觊觎福州陆地电报利权的目的基本达到。[②]

[①] 王铁崖编《中外旧约章汇编》第 1 册，三联书店，1957，第 454 页。

[②] 王东：《盛宣怀与晚清中国的电报事业（1880～1902）》，硕士学位论文，华东师范大学，2012，第 32～36 页。

第四章 轮、电二局的快速发展

一 盛宣怀重返商局

1880 年秋，盛宣怀被李鸿章任命为天津电报总局总办，他将自己的全身心投入到中国电报业的发展上。

当时，盛宣怀还在轮船招商局会办的任上，他万万没有料到，自己因为协助商局借款并购美商旗昌船产，而成为王先谦等人弹劾招商局营私舞弊案的焦点人物。因沈葆桢在招商局陷于"岌岌难支"之际，为摆脱自己的困境，不惜以"不能不悔任事之孟浪"的轻率表态否定并购案一事，被奉旨调查招商局的两江总督刘坤一抓住这一点，使劲找盛宣怀的茬。这样，除前述"扣帑入己"和"侵渔中金"两项罪名外，旗昌案加在盛宣怀头上的罪名又多了一项，即盛宣怀因争取沈葆桢支持并购案的行为"致有疑为诡诈者"。尽管唐廷枢等人站出来为盛宣怀辩护，李鸿章也想保他，盛宣怀还是因弹劾风而不得不于 1882 年暂时离开招商局。不仅如此，总理衙门就盛宣怀的问题表态的措辞也变得十分严厉，所谓"盛宣怀现在直隶当差，业经离局，应不准再行干预局务，并令李鸿章严加考察，据实具奏，毋稍回护"。而并购案中收受"中金"的指控能否得以澄清，对盛宣怀的仕途前程有着重要影响。①

1882 年 4 月 23 日，就王先谦等人对轮船招商局的参劾案，李鸿章据郑玉轩、刘芝田、李兴锐查复无事，向朝廷奏上《查明买并旗昌花红折》及《复查盛宣怀片》，全盘推翻了参劾者对盛宣怀的指控，并说："该道前派会办招商局，订明不经手银钱，不支领薪水……嗣以屡次代人受过，坚辞会办……臣叠经严加考察，该员勤明干练，讲求吏治，熟习洋情，在直有年，于赈务、河工诸要端，无不认真筹办，洵属有用之才，未敢稍涉回护"②，算是为盛宣怀正名。

盛宣怀之前在湖北广济、荆门负责开采煤铁，尽管收益不大，最后还赔了钱，但是他对煤铁勘查、开采工作的投入，他办事的能力，朝廷上下是有目共睹的。北洋大臣张树声为了发展山东矿业，1882 年 6 月，"饬盛宣怀派矿务学生池贞铨随同赴烟台查勘铅矿，以备制造铅弹"。当年 8~9 月，盛宣怀亲率池贞铨、委员冯庆铺勘得登州府属之宁海州栖霞县、招远县俱产铅矿，随即将宁海矿石送天津制造局化验，招远矿石送外洋化验。为此，盛拟有《试办山东滨海各铅矿章程》十条，对登州矿用人才、招商股等均有明确规定，得到张树声的赞赏，李鸿章则给予"亦尚周妥"的批示。

1882 年 9 月，辽宁金州矿务总局成立，盛宣怀被任命为督办。盛宣怀聘请郑观应担任总办，负责招集股份。

盛宣怀在电报线架设中所取得的成绩，受到朝野一致认可。因此，他再次被启用，是迟早的事。

1883 年秋天，上海发生严重的金融风潮，大批钱庄倒闭，股

---

① 胡政主编《招商局珍档》，第 320 页。
② 夏东元：《盛宣怀传》，第 477 页。

票大幅下跌，招商局也深受其影响，股票甚至跌到票面价的一半。主持商局的徐润因投资股票和房地产失败，濒临破产。不久，徐润及帮办张鸿禄等挪欠商局巨款暴露。当年11月，唐廷枢正在美洲，接到国内电报催其速归，他尚在途中时，李鸿章就已决定对商局进行查处，委派盛宣怀到商局维持一切，筹议整顿招商局大略章程。李鸿章批曰："总办宜各有责成。已另饬郑观应于揽载之外，会同唐、徐二道总办局务，其提纲挈领调度银钱大事应令盛道暂时行会同郑、徐二道秉公商办，俟唐道回沪后，再随时察酌饬遵。盛道在沪日多，应令随时随事就近稽查商办，该局嗣后有关兴革变通之事，郑道、徐道等仍须与盛道商定会禀。不得稍有诿卸"[①]。盛宣怀被派到商局查处问题，由此重返商局。

1884年底，唐廷枢和徐润因挪用公款事情败露而被解聘。1885年8月1日，李鸿章委任盛宣怀为轮船招商局督办，盛宣怀成为轮船招商局的第一任督办。

二 拟定"双十条"，使商局重整旗鼓

受1883年上海金融风潮的影响，商局唐廷枢、徐润、张鸿禄皆有挪用局款以作私用的事实，导致商局根基动摇，这给招商局的创始人李鸿章带来巨大的冲击。为此，李鸿章委以盛宣怀"妥筹整顿、定立规条、认真率循、禀候核办"的重任。

盛宣怀重返商局后，对商局进行认真查处。不久，徐润、唐廷枢先后离局，接着马建忠派任商局会办。但是，受金融风潮影

① 夏东元：《盛宣怀传》，第481页。

响，再加上唐廷枢和徐润经营不善又挪用公款，商局处于十分困难的境地。

盛宣怀在查处招商局问题的过程中，进一步认识到，要办好招商局，"非商办不能谋其利，非官督不能防其弊"。根据这一思想，1885 年 8 月，他为商局拟定了"用人十条"和"理财十条"，着重从用人与理财两方面来规范招商局经营管理的行为。

在"用人十条"中，盛宣怀强调"用人"是接办商局的首要，规定商局"专派大员一人，认真督办，用人理财，悉听调度"；"会办三四人，应由督办察度商情秉公保荐"。但是整顿的关键在"得人"："如得其人，局务虽繁，自能纲举目张，有条不紊"。"遇有重大事件，以及动用巨款，该督办皆应禀明宪台核定，并按月复核帐册，稽查利弊，分季详送"。这实际上表明督办的行为也必须受到上方的约束。

盛宣怀在人才选用上是非常讲究的。首席会办是通晓中国传统经史，潜心研习西学，曾为李鸿章办理外交与洋务左右手的马建忠；另一位会办是"殆堪大用"的苏州文人谢家福。谢因病辞职后，又选用多年在李鸿章身边服务的沈能虎。其后选用的陈猷、严潆、郑观应等人都为难得的优才。

"用人十条"明确禁止大股东担任分局董事，除非他们是能力和财力都有保证的人。同时还规定公司的官员和雇员，包括各分局的董事，都不准接受薪俸和红利之外的其他报酬，禁止为私人目的借用公司资金，而且在他们任职轮船招商局期间，不能接受别的雇佣。

"理财十条"大体可概括为以下几点：（1）核定企业资产。将接收招商局时的股本和欠款共 550 万两作为接管时的资产。但认为招商局的资产"断不值五百五十万两之价",因此需"俟洋人公估值若干",然后"以公估之价作为实值,其余作为浮值"。(2)清理内外债务。对接管时所欠的内外债,拟定出具体的偿还或收回的办法和时间,先还外债次还内债,要求官方"曲加原谅","功不可嫌其缓"。(3)加强财务管理。将财务经办权力集中于银钱股,用四联票记账。无论收支"均须督、会办过目,盖图章始发"。(4)强调经办人员不得挪用招商局经费。"自督、会办以迄各局董事、司事人等,于应得薪水花红之外,不准丝毫挂欠",定出惩戒办法。(5)定出招商局此后的业务经营方向。"本局于轮船之外,不准分做别事。如有必须做者,亦必南北洋批准,众商董金允,以防拖累招商局"。[①]

盛宣怀推行的"双十条"措施,使商局逐渐重回正轨,经营形势转危为安,并很快得到发展,招商局的股票每股由当初的50两增至100余两。

三 向汇丰借款,从旗昌赎回船产

盛宣怀查处招商局问题到受任督办的这段时间,正处于中法战争的紧张阶段。1884年6月,法军向驻谅山的清军发起进攻;8月,法国舰队进攻台湾基隆,同时驶进福建马尾港袭击福建水师,严重威胁中国东南海疆安全。招商局为了避免轮船因战争而遭到毁损,在李鸿章的支持下,咨询英国律师担文后,将船上悬挂的局旗改换成第三国旗帜。原先想改换成英国的旗帜,但担文认为英国法律苛烦,不如美国法律简便易行,且正好美商旗昌公

---

① 胡政主编《招商局珍档》,第387~388页。

司愿意购下商局船产。当年 7 月 31 日，经盛宣怀同意，由主张更换局旗的马建忠将商局的船产以 525 万两"明卖暗托"于旗昌公司。这样商局的轮船以"易帜"的方式，得以继续维持正常经营，尽量减少损失。但是，商局的这一举措，受到社会上的非议，连盛宣怀的知己杨廷杲也提醒他说："招商局易主，令人一惊。此事真耶贾耶？外人不得而知。若果有其事，外边物议纷纷，恐将来股东为难，并外边言语均不甚好听，务望阁下此事切不可预闻为幸"①。为此，盛宣怀征求经元善的意见，经认为，"处此市面难通，积弊难整，又值中法决裂，商船难以出口之际"，为商局的利益，售与旗昌以易帜的做法是对的。② 盛宣怀认可经元善的见解，他不计较易帜之初社会上的"谣啄"，而尽力做到"事定收回"。

1885 年 8 月 1 日，盛宣怀担任商局督办的当天就向旗昌提出要买回这些船产。但是，因为当时将船产卖与旗昌时缺乏经验，商局与旗昌只签订了"明卖"之约，而未立"暗托"之约，给中法战争结束后从旗昌买回这些船产增加了很多麻烦。为此，盛宣怀费了不少口舌，旗昌最后同意商局"悉照原价收回"。

但是，从旗昌买回船产的钱尚没有着落，由于"接办伊始，随在需银，而局款一空如洗，官商无可筹挪"，盛宣怀又不得不禀明李鸿章向英商汇丰银行借款三十万镑。③ 为了向汇丰借款以便从旗昌赎回这些船产，盛宣怀只能接受汇丰提出的各项

---

① 《杨廷杲致盛宣怀函》（光绪十年六月十二日），盛档。
② 《经元善致盛宣怀函》（光绪十年七月初十日），盛档。
③ 《经元善致盛宣怀函》（光绪十年七月初十日），盛档。

条件。

事实上，汇丰银行的借款条件相当苛刻，商局与汇丰银行签订的合同规定：年息七厘，并且必须将船产作为抵押物。对船产进行估价的两位估价师均由汇丰银行推荐指定，"而估价各薪费，均由招商局付出"。从借款之日开始到还清本利为止，每年由汇丰派"妥当者二人，估局中各产物轮船……其薪费等项均由招商局付出"，如果此二人估值不足二百万两之数，招商局即须随时以物产补足。"于此合同订立之后，汇丰派一监理之洋人，该洋人可以随时查看局中帐簿，并验看各船各产业。如局中有办事不妥，以及产物短少，有碍借款利银之担保，监理人应告知汇丰"，汇丰知照招商局即应筹办，如果招商局不照汇丰所要求的办理，"汇丰可以有权全行收取或摘取局中船只各物业，可出卖，可出赁，可出典，听凭汇丰主意，并任由该行自办，或托他人代理。如一经汇丰管业，即可直行经理，俟收存银两敷还所欠本利各项为止"。[①] 当然，借款、交易基本上是平等的。

商局与汇丰签订了条件苛刻的合同，社会上当然会有各种非议，盛宣怀的压力也是可想而知的。但是，盛宣怀清楚地意识到，如果船产还在外人的名下，靠"易帜"的办法继续经营，这等于在给别人打工，商局是无法翻身的。同时他也深信，凭借自己的努力，凭借商局上下的奋斗，这些困难是可以克服的。正如招商局后期的经理施亦爵回忆当时的情况时所说："乙酉（1885）之夏，向旗昌收回而后重定基础，乃有今日。故言商局之成绩，当以收回旗昌为断……至谓局中盈余全在地产，确亦有理，但亦

---

① 《招商局汇丰银行借款合同》（1885 年 7 月 28 日），盛档。

收回旗昌以后，生意蒸蒸有以致之。苟非生意有余，焉有置业之本？即收回旗昌颇非易事，微公孰能任之。"①

由于及时收回了船产，加之盛宣怀经营得当，商局生意蒸蒸日上，盈余由少变多。

四　争取官方支持，整顿洋雇员队伍

盛宣怀担任商局督办后，强调轮船招商局作为"官督商办"的企业，应该得到官方的支持。1885 年秋，他根据商局面临的困难，向李鸿章等上奏，提出"拟请先将该局运漕水脚，照沙宁船一律，并准回空货船免税，俾获赢余，分年还债，借纾商困，而杜外谋"②，对此，李鸿章表态说："当此局势岌岌之际，必须官为维持，乃可日就起色"③。

在李鸿章的支持下，商局获得四项优惠措施：（1）减免漕运空回船税。即局轮运漕空回，免北洋三口出口税二成，如原来装米一千石，回空时免收出口货税二百石，查照派运米数通扯免足二成。（2）减免茶税。华商从湖北附搭局轮出口，按照砖茶之例，每百斤减为出口正税银六钱，并免复进口税。这样商局借得水脚，他船不得揽载。（3）增加运漕水脚。该水脚向为每石五钱六分，中法战争期间，旗昌与怡和、太古承运漕粮减为三钱五分，实际上是亏本的，它们意在争运，排挤华商。现在交招商局承运漕粮，照沙宁船例每石支四钱三分一厘，略高于怡、太。不

---

① 《施亦爵致盛宣怀函》（民国三年甲寅三月初四日），盛档。

② 夏东元：《盛宣怀传》，第 484 页。

③ 李鸿章：《遵议维持招商局折》（光绪十二年正月二十一日），《李文忠公奏稿》卷 56，第 1 页。

再扣减，亦不扣海运局公费，"以免亏赔而资津贴"。（4）缓拨官本。招商局各省原存的官本，除陆续归还外，尚应还银七十七万余两，而该局现欠洋债计有一百余万两，官本洋债一并归还必无此力量，于是暂缓拨还官本，免扣水脚，俟洋债还清再缴官本。①

李鸿章给招商局提供的四项优惠措施，大大减轻了商局的负担，增加了商局的收入，对于商局恢复经济实力，无疑是一种支持。这进一步增强了盛宣怀及商局员工的信心，盛宣怀期望在李鸿章的支持下，"三年之后，洋款还清，官商各款有着，吾师与（宣怀）皆可告无罪于天下……奏定（以后商局）悉归华商经理，官可不问"。② 显然，盛宣怀在他刚担任督办的时候，为了提升商局的经济实力，希望尽量得到官方的支持，但是他很清楚，这种支持不可能长远，他期望未来商局的经营"官可不问"，他认为官少过问，反而有利于企业的发展。

盛宣怀认为招商局作为"官督商办"的企业，所雇用的洋技术人员，应该技艺高超有本领，且必须对他们提出严格的要求，商局应该掌握自主权。因此，他对商局的洋技术人员认真加以整顿。他认为"总大车"一职比"总船主"的职位更重要，因为"总大车"负责验修各船机器，是确保轮船正常航行的关键，而商局现任的"总大车"罗贝，是靠关系上来的，毫无本领。于是，盛宣怀决定改派有真本领的、旧局"总大车"尉霞为"总大车"兼署总船主。试用期不签订合同，先凭条从商局每月支领薪水三

① 李鸿章：《遵议维持招商局折》（光绪十二年正月二十一日），《李文忠公奏稿》卷56，第2~3页。

② 盛宣怀：《上李鸿章禀》（光绪十二年九月初一日），盛档。

百两，从保险局支领薪水一百两，同时要求尉霞"将各船逐号查验，并将各船洋人逐名考核呈报"。盛宣怀还要求尉霞"以后调换船主及大修，须商督办；调换船主以下及小修，与局会办商定"①。

由于启用尉霞，得罪了一些人，盛宣怀并不以为然，他认为"啧有烦言"，不一定证明尉霞不对，恰恰证明尉霞是正确的，如果因此而调换尉霞，会使谤毁得逞。

此外，盛宣怀还"通饬各船洋人不准饮酒，查出酒醉即辞歇"；并将"马士所司汇丰、怡太往来之事"，交由总翻译陈猷办理。对洋技术人员的整顿，不仅提高了工作效率，而且使"洋薪岁少万金"②。总之，加强对洋技术人员的管理，充分体现了盛宣怀"非商办不能谋其利，非官督不能防其弊"的思想与主张。

五 主持签订航运齐价合同

在中国的水域，外国轮船公司往往凭借他们的轮船设施相对先进一些，管理水平相对高一些，燃料消耗相对低一些，在运输成本上存在一些空间，且在资金的拥有或周转上又有明显的优势，与商局打价格战。

1877 年 12 月 26 日，基于与外商航运公司合作并存、依存共生的经营思想，轮船招商局与太古轮船公司签订了一份齐价合同，合同从 1878 年 1 月 1 日起生效，有效期三年。随后，招商局又与怡和洋行的华海轮船公司于 1878 年 7 月签订了同样性质的

① 盛宣怀：《致李鸿章电》（光绪十三年六月十五日），盛档。
② 夏东元：《盛宣怀传》，第 113～115 页。

合同，有效期三年。这是招商局历史上签订的第一次齐价合同。

第一次齐价合同三年期满，1882 年 5 月 27 日，三家公司经过谈判，订立长江航线齐价合同；同年 12 月 20 日，又订立上海—天津航线齐价合同，有效期仍为三年①。这是招商局与怡、太签订的第二次齐价合同。

关于第二次齐价合同，有关资料记载：1883 年 3 月，招商局与怡和、太古就"北洋、长江、浙闽"等航线"在沪重订合同"②。因此，第二次齐价合同的内容包括"浙闽"航线。

1884 年 5 月，三公司经理人员针对南、北洋航线进行谈判，就牛庄—汕头、上海—香港、上海—广州航线的营运达成协议：牛庄—汕头航线统一运价；其余南洋航线，根据各自航运里程，按比例划分营业份额。因此，此协议应作为第二次齐价合同的补充内容。③

第二次齐价合同的签订，正处于中法战争的紧张时刻。1884 年 7 月 31 日，马建忠作为代表，将商局的船产"明卖暗托"于旗昌公司。商局的轮船以"易帜"的方式，继续维持经营。东南航线受战事影响，商局之船又挂旗昌的旗帜经营，第二次齐价合同因而中断执行，实际处于"名存实亡"的状态。

中法战争结束，商局从旗昌手里买回船产，为了避免又陷入与外商轮船公司价格竞争的旋涡，1886 年 3 月，商局重新启动与怡和、太古的谈判，这次谈判也是盛宣怀担任商局督办之后，亲

---

① 关于第二次齐价合同的有效期，有"三年"与"六年"两种不同的说法，但是，据有关专家考证，合同文本上记载的是"三年"而不是"六年"，所以此处采纳"三年"的说法。

② 《国民政府清查整理招商局委员会报告书》下册，第 32 页。

③ 陈潮：《晚清招商局新考》，第 129 页。

自主持的一次与怡和、太古公司订立齐价合同的谈判。按照盛宣怀的计划，1888 年左右招商局应该达到"洋债填足，招足商股，收回垫款"的目标，而实现这一目标后，"届时如果立足牢稳，即可提出保险存款及各省存款一百数十万，附以华商股份，做一小小银行"。这样，就可以达到"不必仰鼻息于户部"的目的。①而要做到这一点，必须经营好招商局，绝不能使商局处于与外商航运公司的恶性竞争之中。

这次谈判中涉及的航线主要为长江、上海至天津、上海至福州、上海至宁波等几条航线。合同约定：太古轮船不走上海至福州航线，怡和轮船不走上海至宁波航线。合同有效期为三年，至"（光绪）十五年底（1890 年初），合同期满"②。

根据谈判约定，商局与怡和、太古三公司营业份额的分配比例为上海至天津航线份额，招商局占 44%，太古 28%，怡和 28%；长江航线份额，招商局占 38%，太古 35%，怡和 27%；上海至福州航线份额，招商局、怡和各占 50%；上海至宁波航线份额，招商局、太古各占 50%。③

齐价合同执行不久，即产生了实际效果，商局每年的净利润得到明显增加。

六　发展内河航运，拓展商局生存空间

商局尽管与怡和、太古订立了齐价合同，但是并不是不存在竞争了，在长江及其他航线上争利的除了怡和、太古之外，还有

---

① 王尔敏、吴伦霓霞编《盛宣怀实业函电稿》（上），第 51 页。
② 《盛宣怀拟招商局与怡和、太古议订齐价合同节略》（光绪十八年正月），盛档。
③ 《盛宣怀拟招商局与怡和、太古议订齐价合同节略》（光绪十八年正月），盛档。

许多中小型航运公司，其中相当一部分是外资航运公司，因此商局营运仍然是十分吃力的。正如 1886 年 11 月 9 日盛宣怀在给李鸿章的禀文中所说："念局轮于通商各口与洋轮角逐，虽与怡和、太古订立合同，而本年长江又有福记洋行添船跌价，天津、烟台又有日本轮船跌价争夺，南洋各埠更多合同以外之洋船，将来生意殊无把握"①。为了拓展商局的生存与发展空间，盛宣怀一面对商局认真加以整顿，一面下决心着手发展内河航运。

其实，盛宣怀早就注意到这个问题了。然而，他当时没有能力也没有条件去筹办此事。当他出任轮船招商局督办之后，设立内河小火轮公司，自然就提到议事日程上来了。

1886 年 4 月，盛宣怀与招商局会办马建忠在给李鸿章和湖广总督张之洞的条陈《内地设轮船公司议》中说："近年内外国富强，无不从自通商始。口岸通商人与我共之，内地通商我自主之。故欲求中国富强，莫如一变而至火轮，设一内地快船公司，与招商局相为表里，以兴中国内地自有之商务，而收中国内地自有之利权。"充分表达了绝不受制于外国势力，独立自主地掌控内河通商的权利，以促进国内商业的流通，实现国家富强的思想与抱负。

盛宣怀很清楚，清政府尽管迫不得已与外国签订了许多不平等条约，出让了许多航运的利权，但是，在内河航运的利权上，尽管西方列强一直窥视着，却始终没有开过口子。只有中国自己发展壮大了，才能真正抵御他们的入侵。

1886 年 7 月，盛宣怀被朝廷任命为山东登莱青兵备道兼烟台东海关监督，这是他第一次担任道台之职。此时，盛宣怀感到有

① 盛宣怀：《上李鸿章禀》（光绪十二年十月十四日），盛档。

可能在自己管辖的区域内来筹办此事，但是，他很清楚这必须得到李鸿章的支持。1886年，他在《上李鸿章禀》中说道："查泰西各国律法，不通商各埠只许本国轮船行驶，日本亦然。惟我中国因噎废食，则江海之利有与外人公共而无独得者，甚可惜也。"他明确表示，没有李中堂的支持，靠他一人是难以办成的。他又说："今欲开此风气，微我中堂夫子孰能为之，微亦孰肯言之①。

经过深入的调查研究，他在《上李鸿章禀》中说道："查东海各口，南与江苏盐城毗连，北与直隶盐沧毗连，所辖一千三百余里，大小海口一百余处，而水深七八尺可驶浅水小轮者约有十余处。如掖县出草帽缏，岁约三四万包，皆由陆路盘山驼运，每包须运费京钱四千，间有民船海运，常虞倾覆，商民畏之。而距掖县三四十里，即有太平湾、虎头崖两口，可驶浅轮，若水脚每包一两，即可收银三四万两，其枣子、粉丝等物出口，洋布等物进口，每年水脚亦有数万两。"

盛宣怀向李鸿章发出的报告，仅过了十天，就得到准许"试办"的批复。李鸿章十分赞赏，在回函中，特别给其取名为"内地华民轮船"，"并声明不通商口岸，只准民轮来往，总在常关领牌纳税，与东卫沙宁闽广船一例，自可不与洋船交混，仍望妥定章程，随时防微杜渐，无任有所借口，稍越范围，总署无须先咨免枝节，如其来问再复可耳"。

盛宣怀不仅对山东各口岸的状况、航道的条件、各地物资产供销等情况做了深入的调查，而且十分重视对商情、官情的了解与分析。他在得到李鸿章的支持后，随即双管齐下，一方面，与

---

① 盛宣怀：《上李鸿章禀》（光绪十二年十月十四日），盛档。

商人进行协商，将开通山东内河航运给当地带来的益处讲给他们听，得到商人"共享喜悦"的效果，很快又得到其他地方商人的响应；另一方面，做好山东地方领导的工作，盛宣怀与马建忠一起拜访山东巡抚张曜，他们凭着李鸿章这把"尚方宝剑"，禀报张曜说："傅相拟照各国在不通商口岸试行浅水民轮船，以收自有之利权。"在"傅相"和"收自有之利权"面前，张曜当然只有接受的份了。与此同时，盛宣怀为了打消张曜的顾虑，又告以此举不会影响山东省的财政收入，他说：通常以为办内河小轮"于陆路厘金恐有损碍"，但"现查东海各口陆路不收厘金"，故不会影响省内的财政收入，而对于"商苦不便"的旱路运输，却能起到便民利民的作用。盛宣怀将具体办法报告张曜说："曾与傅相函商，拟用浅水轮船一二只驶行，将土货驳至烟台，再行过载，借兴商务，其名曰'华民驳货轮船'，悉照民船看待"。①

1887年2月，盛宣怀发展山东内河小火轮的禀请很快得到批准，随即他在山东烟台创办了中国第一家内河小火轮航运公司，自己担任督办，马建忠担任会办，独资经营300吨的"广济号"轮船运输。小火轮开始在烟台、龙口、登州之间通航。

山东内河小轮航运开通之后，盛宣怀又迅速将它推广开办至广东、广西、福建、台湾等省。内河航运的发展，给商局增加了一条创收的渠道。

七 商局排挤"野鸡船"的行动

商局与怡和、太古签订的齐价合同，实际上形成了三家公司

---

① 盛宣怀、马建忠：《禀山东巡抚张曜》（光绪十二年十二月），盛档。

在合同规定航线上的一种经营垄断，正如"走长江合同第十三条"中所述："三公司必须邻睦敦好，保全推广生意，彼此获益。倘有别家争衡生意者，必须彼此联络跌价以驱逐之"①。

在实际执行合同的过程中，三家公司经常会发生一些摩擦，由于有合同的约束，总体上问题不是太大。然而，在航线上行走的船只，除了三家公司的轮船之外，还有众多小轮公司的船只，它们也参与争衡。为此，三家公司除了解决内部矛盾之外，还要经常协调如何共同对付那些小轮公司船只的问题。它们在联系过程中，给"别家争衡"的船只起了个"野鸡船"的名称，实际上"野鸡船"中除了一部分中国轮船外，大多数是外资航运公司的小轮船。

"野鸡船"的特点可以概括为以下几个方面：

一是数量众多，发展较快。创办一家小轮公司相对来说成本低、所需人员少，只要从二手市场弄到一两艘旧船，物色几位船老大，就可以开始经营。当时走长江的中国小轮公司，大都属于这种情况。在长江航线上的外资小轮公司，实力相对强一些。据汉口局董葆善、施肇英等给盛宣怀的报告称，1890 年至 1892 年，长江航线上的"野鸡船"有：美最时的"宝华"轮，麦边洋行的"萃利""华利"两船，华昌行的"益利""长安""德兴""宝华"四船，马立师行的"金陵"一船，和兴公司的"飞鲸""飞龙""飞马"三船，等等。② 大多数小轮公司与商局、怡和、太古三家公司相比，在实力上差了一大截。

---

① 《翻译轮船招商局、太古洋行、怡和洋行三分订明合走长江轮船洋文合同》（光绪十八年正月十七日），盛档。

② 易惠莉、胡政主编《招商局与近代中国研究》，第 487～488 页。

二是经营策略灵活，难以驾驭。"野鸡船"充分利用削价、改变航线等手段，与三家公司进行竞争，经常钻三家公司在平衡水脚价格当中的空子，来达到它们的目的。盛宣怀在三家公司合同届满，新合同尚未签订之时，担心"野鸡船"会钻空子，说："惟长江'野鸡船'日多，今年太古作梗，合同未定，开河之后势必互相跌斗。"① 他要求镇江分局姚岳望"与沪汉各局时相斟酌"，采取对策。继削价之后，当局、怡、太又一度恢复原价或仅八折时，姚岳望担心"麦边、和兴野鸡及鸭屁股等船充斥长江上下，脚价骤复，而彼更可减价招揽"，致损局利。② 又如德商美最时的"宝华"轮，原先一直在长江汉口以东航线行走，"本月（即光绪十六年二月）望后，忽弃长江之利，而竟欲专走宜昌汉口，与汉局争此利数……今日'宝华'已第一次开宜昌矣。共装货八百余件"。汉口商局"江通"亦开宜昌，水脚对折以与较量，但汉局总会办担心"'宝华'船既与汉局争衡，苟有得利，则其余之'野鸡船'由长江而改走宜昌者，不止一'宝华'也"。③

三是经常利用三家公司之间的矛盾，从中渔利。例如"和兴野鸡公司之'长安'向跟太古，今则跟我'江孚'，其'益利'又跟换'江裕'。镇江怡和借与码头，不免分我生意。……三公司一日不和，则人心一日不合，谣言一日不息，血本亦不能不亏。是故以和为贵"④。这种情况在不同时间、不同航线上，经常会发生。

---

① 《盛宣怀致姚岳望函》（光绪十六年正月二十八日），盛档。

② 《姚岳望致盛宣怀函》（光绪十六年九月十七日），盛档。

③ 汉局董葆善、施肇英：《致盛宣怀函》（光绪十六年闰二月初四日），盛档。

④ 《姚岳望致盛宣怀函》（光绪十五年八月十九日），盛档。

对于"野鸡船",商局采取迫使其无利可图,逐步使其就范或归并的策略。或是三公司联合使"野鸡船"难以维持,然后觅人将其代理,例如对于和兴公司就是如此,由商局代理其船,调动其船改走南洋及营口至汕头等航线,包其每年得水脚若干。或是采用吞并的办法,例如花20万两收买"长安"、"德兴"、"益利"、"华安"及一些泵船,然后将长江水脚加二成核收,"不到一年即可收回二十万两矣"。① 或是邀请入伙,例如郑观应向盛宣怀建议:"长江小轮船,太古因与麦边相好,拟先邀麦边之两小轮入伙;本局与怡和意见,则须将在长江占多数生意之小轮尽邀入伙,以免跌价争衡。"②

八　商局的经营状况迅速好转

盛宣怀担任招商局督办以后,拟定了用人、理财"双十条",及时从旗昌赎回了船产,帮助商局取得官方"减免"等四项政策支持,整顿了洋雇员队伍,与怡、太签订了齐价合同,尽力排挤"野鸡船",减轻了竞争压力,积极发展内河航运,使商局的经营状况迅速好转。

从1885年开始,商局连续出现船利结余。1885年,除去各项开销,净余103万两;1886年,有60多万两。洋债、官债均按年归还,到1891年底,官债"悉已还清";1895年所借洋债也"至本年还清"。股商官利每年均按一分发给,1896年在结余甚多的情况下,除官利按二分派给外,又每股提派历届公积三十

---

① 《陈猷致盛宣怀函》(光绪十八年二月初十日),盛档。
② 郑观应:《致招商局盛督办书》(光绪十九年春),盛档;夏东元:《盛宣怀传》,第126~132页。

两，连官利余利共五十两。① 仅这一次发给的股息，就占每股股本 200 两的四分之一。此外，局中办事人员从 1886 年起，每年还从净结余中提取一成作为奖赏分配，其数各年也有数千至一二万两之多。②

表 4 – 1　盛宣怀担任督办期间招商局的资本与利润状况

单位：两，%

年份	股本	借款	资本共计	利润	利润率
1886	2000000	2169690	4169690	306882	7. 36
1887	2000000	1882232	3882232	464389	11. 96
1888	2000000	1418016	3418016	537043	15. 71
1889	2000000	1260535	3260535	442890	13. 58
1890	2000000	750559	2750559	252669	9. 19
1891	2000000	685490	2685490	277011	10. 32
1892	2000000	664825	2664825	298804	11. 21
1893	2000000	345735	2345735	529973	22. 58

资料来源：易惠莉、胡政主编《招商局与近代中国研究》，第 212 页。

从招商局创办之初的 1873 年至 1884 年，这 11 年的年平均利润率为 8.49% 。从表 4 – 1 可以看出，除了 1886 年的利润率比上述平均利润率低之外，其他年份的利润率都比上述平均利润率高。关键是，1885 年的利润率仅为 3.63% ，盛宣怀就是在这种状况下，使商局的经营状况迅速好转。

随着商局的发展，清政府对商局的政策也发生了很大变化。首先，从 1884 年起，清政府停止向商局借款，使得商局资金周转的难度加大。其次，清政府大幅度降低漕粮运输的价格，1886 年由每石五钱六分降至四钱三分，1902 年更降至三钱三分八，从

---

① 《国民政府清查整理招商局委员会报告书》下册，第 45 ~ 46、43、47 页。

② 朱荫贵：《朱荫贵论招商局》，第 48 ~ 49 页。

而使"商局命脉所系"的漕粮运输，变成亏本的生意。1899 年至 1911 年，商局漕粮运输积亏竟达 984800 余两。① 最后，从 1890 年起，清政府要求商局上缴报效的金额越来越大。1890 年，因"江浙赈捐"，商局报效 2 万两。1891 年，因"数年来局基渐固，公积增至七十余万，官款业已还清"，"由北洋大臣李奏准，在公积内提出官款免利报效银十万两，指定作为预备赈济之用"。1894 年，除因慈禧太后生日"报效银五万五千二百余两"外，又因"中日战争发生"，"军费浩大"之故，由"户部向招商局息借库平银三十七万五千两，合规银四十一万一千两"。②

清政府对商局政策收紧，并且要求商局上缴报效的金额越来越大，使得商局的发展背负了沉重的包袱。面对这种情况，盛宣怀除了加强商局的经营管理之外，不得不采取向外大量投资的策略，以维持和拓展商局的生存空间。

九 津沪电线竣工后，电局招商成功

1880 年 10 月，在津沪电线尚未动工之前，盛宣怀就已经拟定电报《招股简明章程十条》以及比较详细的《电报局详定大略章程二十条》。他认为中国电报宜采取官督商办的形式，这是因为"非官为扶持，无以创始，非商为经营，无以持久。……中国风气，重官轻商，初创电线，绵延三省，民知官事，不敢妄动；官知国事，不敢不认真巡守。若尽委之于商，虽商出数倍看

---

① 《国民政府清查整理招商局委员会报告书》下册，1911 年帐略"运漕损失"。
② 朱荫贵：《朱荫贵论招商局》，第 48～49 页。

守之资,而无益于事。此非官为保护不可。电报原为军务、洋务缓急备用,自北至南,所经之地,绝少商贾码头,其他丝茶荟萃之区,尚无枝线可通,线短报稀,取资断不敷用。此非官为津贴不可"①,为电报局发展定下了基调。

津沪电报线工程最初估算需银十数万两,盛宣怀等拟先招商股 6 万两,按照李鸿章与盛宣怀的设想,津沪电报线的建设资金由官、商分别承担 40% 和 60%,但因电报线尚未建成,商民多持观望态度,投资入股者并不踊跃。李鸿章原要求电报局先尽招商得来的 6 万两支用,但津沪线开办之初没有招到商本,故津沪电报线工程费用全部改由官款垫付,所用资金均出自淮饷,政府共垫付湘平银 16 万余两。

1881 年 8 月,在津沪电报线架设过程中,盛宣怀拟定《中国电报总局业务章程》,该年冬天津沪电报线正式交付使用后,官督商办被提上日程。为尽快招足商股,盛宣怀又拟定了《电报局招商章程十二条》,以推动官督商办之实现。

盛宣怀等议定,对津沪电报线建设资金的归还,先招商股 6 万两,5 年后分年续缴还 2 万两,每年缴 5000 两,免其计息,其余 8 万余两不再用招集股本偿还的方式,而是以头等官报抵给报费的形式偿还。抵缴完毕后,别无应还官款后,头等官报仍免费发递,"以尽商家报效之忱"。② 关于政府对电报局的津贴,盛宣怀认为既然已议定"官督商办",则应以商办为主,政府不应再承担过多支出,因此以后经费不再向政府申请,但仍希望政府负责保护巡守,并承担巡守所需经费,每年约 11000 两。这

---

① 王尔敏、吴伦霓霞编《盛宣怀实业函电稿》(上),第 207 页。
② 王尔敏、吴伦霓霞编《盛宣怀实业函电稿》(上),第 209 页。

可减轻电报局一项大负担，且政府出面保护要比商人出面更具威慑力，对电局有益。另外，因电报局不可能当年投入当年见效，盈利尚需数年时间，故又提出政府至少要提供5年的巡护津贴。此外，1881年12月至1883年3月底官办时所收报费也纳入应缴还的官款之中，如此更减轻了电报局的负担。关于官商职责的划分，原先电报学堂的经费，免在商办内归还，但电报局成立后，聘请的8名洋教习薪资的发放，盛宣怀研究后明确，第一年由官给发，期满后或撤或留则由电局酌定，其薪水及回国川资由商本支发，明晰了官办电局与商办电局的界限。盛宣怀还强调沿途设立巡电房仍应责成绿营汛兵看守，由官为督饬巡守保护。

在《电报局招商章程十二条》中，盛宣怀还对原先的规定做了补充与调整。首先，强调电报总局拥有处置人事的权力，"各局委员有应留应撤者，均由总局酌定，除已派各员系请宪札外，嗣后如有改派董事司事，均由总局酌派"①。其次，加强对电报学堂的管理。每届学生毕业，均由总办与洋总管共同检查专业水平。此后，对学员的考核成为常例，反映了电报局培养学生的严谨与严格。

为了尽快招足商股，盛宣怀与郑观应、经元善商议集股之事，要求沪局总办经元善等人投注高额股金，经元善被派出1万两。经元善以"同德同心力顾大局，不得不勉而行之"的态度带头入股，成为当时电报商局首开股东之一。郑观应等人也多有挹注。1882年4月22日的《北华捷报》称，电报局的主要股东就是"上海分局的经理"。在盛宣怀等人的积极努力下，电报局

---

① 王尔敏、吴伦霓霞编《盛宣怀实业函电稿》（上），第211页。

"行见日有起色"，入股者逐渐增加，"故股单虽未刊发而入股挂号者甚多，将次满额"。当时上海兴旺的市场行情也有利于电报局的招股，1882 年 6 月 9 日《申报》的评论指出，股份公司已经成为社会之"时尚"，开平煤矿股价从创始每股本银 100 两增至 300 余两，轮船招商局每股从百两增至 230 两，人们对股票投资的热情高涨，电报局股票也受到热捧。

1882 年 4 月 18 日，天津电报总局改为官督商办的中国电报总局，"中国电局自官督商办以来，渐有起色，闻上海每日发报有七八十号之多，惟苏州稍次，每日亦多至三十余号云"。紫竹林和大沽电报局 1881 年所收报费截至除夕共 14800 余元，除开支局用，剩余 1 万余元。① 1882 年仅 8 月一个月就收报费 1300 余元，② 大大超过盛宣怀之前的预期。电报局收入的增加为其招股奠定了基础。官督商办后电报局发展日有起色，"其股分票不胫而驰"，不到一个月股票市价上升 15%。③

电报局改归官督商办后，为减省开支、提高收益，经禀请北洋通商大臣李鸿章批准，将 7 处分局改为 5 处，即紫竹林、清江、镇江、苏州、上海五局，撤销了商报较少的济宁、临清两局。电报局开办一年后，人事方面略有调整，显示出以上海为重心的变化。苏、清、扬、沪等局洋人遵照撤回，只调津局之博怡生驻上海。1882 年 11 月，清政府正式将电报机构命名为"中国电报总局"，局址设于上海，盛宣怀任督办，同时负起与外商交涉电线侵权的任务。中国的电报事业开始进入快速发展阶段。

---

① 《黄建莞致盛宣怀函》（1882 年 3 月 25 日），盛档。

② 《黄建莞致盛宣怀函》（1882 年 9 月 13 日），盛档。

③ 韩晶：《晚清中国电报局研究》，第 65～74 页。

十 积极推进苏浙闽粤和长江线的建设

1881 年 12 月 8 日，津沪电线（途经河北、山东、江苏等省）顺利架设完工之后，在国内其他地区加快建设电线工程、经办电报事业，被正式提上了议事日程。

这一方面由于津沪电线架设，在 250 天内全线完工，打了一个漂亮的胜仗，在朝野上下引起了很好的反响，人们开始关注电报的用途与发展；另一方面由于津沪线路所经过的地区大多数是非商贸繁荣的地区，沿线各局开张之后的电报业务及经营状况并不理想，相反，经贸较发达的浙江省以及经济活跃的长江沿线一带，却与架设电线失之交臂，引发这些地区官、商对发展电报的关切。

于是，在盛宣怀的主持下，中国电报总局加快电报线在国内规划与建设的速度。由于此时盛宣怀还承担着山东等地的勘矿任务，所以由在上海电报局等处任职的郑观应、经元善、谢家福等人，着手规划新电报线路的建设。最初，主要考虑的是上海到浙江的电报线路以及上海到汉口的长江线路。之所以考虑长江线路，是担心被两江总督左宗棠与经办人胡雪岩以及其他商人捷足先登，抢去该线路的架设权。

1882 年 2 月 16 日，郑观应、经元善联名就添设长江线禀李鸿章："该镇（指汉口）尤为九省通衢，商旅辐辏，百货骈阗，计自京口沿江而上，经过芜湖、安庆、九江等口，共程一千五百余里。若一律安设电线，则凡通商口岸，四通八达，与津沪现设之线，亦大有裨益"。对于建设资金，"惟官款筹垫难继，即津沪亦尚无商股，而欲商情群趋，必在线路之广设，为今之计，可否仰乞宪裁，奏准添设汉口一路电线，由商招股承办"，希望该线路在对官方的报效等方面与津沪线一样。①

谢家福的设想是："先求太翁老伯大人（指盛宣怀的父亲盛康——引者注）在浙抚处疏通，松翁亦于今日赴杭，敷衍绅士一边，谷翁见过侯相，亦即赴杭，投递浙商请办电线禀件。莲翁与弟今夜乘轮赴鄂，一面疏通上游，一面约同茶商，具禀添设电线。"② 他想利用一切可以利用的关系，来疏通官府、说服商人，并采取浙江线和长江线同时申请的办法，以防他人捷足先登。

此后，盛宣怀、郑观应等人又先后向两江总督左宗棠及长江沿线各省督抚呈递申办长江线的禀文，表达要求架设这两条电报线的迫切愿望。但是，无论是李鸿章还是左宗棠，都没有明确表示支持架设这两条电报线。

正当电报总局添设长江及苏浙电报线的计划陷入困境之时，一次关于外商要求扩展电报线路的争执，所引起的外交僵局，给电报总局的计划带来了转机。1882 年 10 月 24 日，英、法、美、德四国公使同时致函总署，以上海至香港的海线只有单线，致使传递电报时有阻碍，提出现有各国多名商人准备设立电报公司，铺设新的沪港海线，并准许华商入股该公司的要求。③ 对于各国公使的要求，总署将其交由李鸿章处理，而李鸿章将此事交付给了盛宣怀。盛宣怀研究后禀李鸿章，反对英、法、美、德在上海设万国电报公司，添设自港至沪海线；认为这"既与批准大北公司成案不符，亦与公法自主之权有碍"。

---

① 《郑观应、经元善上禀李鸿章文》（光绪七年十二月二十八日），盛档。

② 《谢家福致盛宣怀函二十七》，转引自王东《盛宣怀与晚清中国的电报事业（1880～1902）》，第 16 页。

③ 《总署收英国公使格维纳文》（光绪八年九月十三日），中研院近代史研究所编《海防档·丁·电线（二）》，第 351 页。

　　盛宣怀提出自设上海至广东陆地电报线的应对方案，他在禀李鸿章的奏折中说："凡欲保我全权，只争先人一着，是非中国先自设线，无以遏其机而杜其渐。自江苏、浙江、福建以达广东，与粤商现在所办省港旱线相接"，并奏明请旨饬下该四省地方官予以照料保护。① 这一方案最终得到李鸿章的认可。1883 年 1 月 16 日，李鸿章正式上奏清廷，提出架设苏浙闽粤线，认为解决问题的最好办法就是劝集华商自设苏浙闽粤线，如此才能做到"杜外人觊觎之渐，而保中国自主之权，使彼族无利可图，或者徘徊中止"。奏折中，李鸿章附录了盛宣怀会同郑观应、经元善等人拟定的《接办苏浙闽粤陆路电线章程十条》。该章程最能打动朝廷的地方，一是建设经费完全由电报局通过招股筹集；二是此线路依旧免费发送一等官报，并且一等官报在电局官款抵销完毕后，仍继续享受免费发送的权利。② 李鸿章此奏很快得到清廷批准，于是盛宣怀主持的电报局正式获得苏浙闽粤线的架设权。

　　1883 年 7 月 6 日，左宗棠奏请朝廷架设长江电线，并提出由"总办电报局道员盛宣怀督同委员、工匠人等刻日赶紧兴办"③。左宗棠主动要求架设长江线，主要是为抵制外商在长江铺设电报线的需要。至于左宗棠为何将此线交由盛宣怀而不是其他人承办，应该与该年上半年盛宣怀办理与大东、大北两公司的电报交涉密不可分。盛宣怀在这次交涉中所表现出的办理电报事务的才能，无疑得到了左宗棠的认可。

　　于是，经过工程技术人员的全面规划与设计，中国电报总局

---

① 夏东元：《盛宣怀传》，第 478 页。
② 中国史学会主编《洋务运动》第 6 册，第 338～342 页。
③ 中国史学会主编《洋务运动》第 6 册，第 346 页。

于 1883 年建成了江苏、浙江、福建、广东等省的陆线；后又完成了原先左宗棠打算架设的自上海至武汉的长江线。

十一 重视电报专业人才的培养

盛宣怀在向李鸿章建议当务之急"电报为先"时，就清楚地认识到，中国要自己掌握电报的利权，必须有自己的人才。1879年，李鸿章让他筹备电报事宜时，他之所以邀请郑观应出山，因为早在 1873 年郑观应就开始关注洋人有关电报的知识和技术。当年，法国人威基杰编成第一部汉字电码本后，郑观应就将其改编成《中国电报新编》，后经盛宣怀确定在中国电报领域中正式使用，其可以算是电报方面的一个专业人才。盛宣怀认为，中国要办电报必须依靠这样的人。

盛宣怀还清醒地认识到，中国人要掌握电报，必须改变依靠洋人的局面，但是要想改变这种局面，还得先向洋人学习。因此，他在建立电报总局，开办天津电报学堂时，最初聘请的是丹麦人，请他们作为学堂的教师。因缺乏人才储备，电报局不得已四处招揽学生，甚至从香港招人，但优等学生甚少。电报教科书多用英文写成，学生须具备一定英文基础，盛宣怀根据学堂主管朱其诏的建议从机器制造局的广方言馆内调拨优等学生入电报学堂学习，以求略有基础而利于速成。

学堂长期设汉、洋教习，初期主要教授打报、测量等技术。因电报所需材料皆购自外洋，电报局需支付高昂的材料费，故郑观应提出应拓展教授范围，培育较高层次的技术人才，选派学生出国学习器材制造，以求所用材料皆能自造，不被外人掣肘。于是，天津电报学堂进一步明确办学目标：一般的是"向学生介绍电学、磁学和电磁力在各种设备上的不同目的的应用"，特殊的是"教育学生以电学和磁学的理论以及在中国电报局的电报站工作的电报技术"。

一开始的时候，电报学堂是由电报总局这个企业负担其费用的。为了提高学堂的政治地位，鼓励学生学习的积极性，盛宣怀提议学堂应以朝廷的名义开办，由朝廷提供办学经费。他对李鸿章说："学生俟到局派事之后，薪水由本局开支，所有设立学堂经费系为国家造人才起见，应在军饷内开支，免在商本内归还。"此提议得到李鸿章的首肯。这一举措将电报学堂的性质由原来的民办变为官办、私设变为正式，吸引了更多的好苗子前来进修。电报学堂原定开办一年，因为天津、上海、浙江、福建、广东和长江沿线需用人才，就连续办了几年。

后来，电报学堂还在上海等地开枝散叶。为培养更多电报人才，1883 年 7 月 5 日，上海电报学堂开始招生，学堂分设按报塾、测量塾，聘请丹麦人博怡生、葛雷生等任教。初次考试应试者就有 80 人，由电报局总管博怡生评定等级。学堂对学生管理严格，进入电报学堂的学生要立下约定，5 年以内，如有不听调遣、不守规矩者，罚洋 100 元。学生按成绩分作四班，每班又分三等，等级不同薪水有高低，最高者月薪 50 元，最低者只有 3 元，并且要定期考核，随时调整班等。①

1884 年，电报总局由天津迁至上海法租界郑家木桥，上海电报学堂亦附设于电报总局内，并承担起管理各地电报分局学员的职责。学堂的学生一面学习，一面在电局中实习，以求业务速进。对违反纪律、荒废局务的学员，学堂采取"分别情节轻重，

---

① 《上海电报学堂规约》，盛档。

罚减薪水、记过斥革"的惩罚措施，同时表示"勿恃某总办为至亲，某司事惟故旧，谓可资为奥援，不至发覆。本学堂行法必自近始，方将摘取凡有来历各生，先行惩办，以儆其余而杜借口"。① 体现了公正、严格的管理制度。

先后在苏州分局、上海局任职的谢家福，对电报工作十分投入，盛宣怀屡次在李鸿章面前称赞其"殆堪大用"。李鸿章也表扬谢家福"帮助、协同盛宣怀办理电报事宜，认真办事，井井有条，凡有所见，地无论远近，事无论巨细，皆竭诚筹助，其议论亦多可采用，在电局五年，劳苦功高"。

特别难得的是，饱读诗书、兼通中西的谢家福很重视电报人才的培养。他原先在离苏州故居不远处的五亩园正道书院故址上，创建义塾"儒孤学舍"，专授"新学"。1892 年，他根据盛宣怀的建议在"儒孤学舍"内成立了苏州电报传习所（"苏堂"）。三年间，"苏堂"为电报界培养输送了报务人才八百余人，遍布全国，一时间苏州电报传习所闻名电报界，影响十分深远。

盛宣怀在办电报过程中，在建设与管理上依靠郑观应、谢家福等忠心耿耿、肯于钻研、对工作精益求精的人才；在工程技术上大胆聘请洋监工霍洛斯等人；在办学上聘用有真才实学的洋教习，先后在天津、上海、苏州等地办学，为电报界培养了大批中国自己的专业人才，确保了中国在电报业中的利权。

十二　与大北、大东签订电报齐价合同

1883 年，盛宣怀主持苏浙闽粤线架设，此线一旦建成，由上

---

① 《电报学堂劝谕文号》（1886 年 10 月 24 日），盛档。

海至福州、厦门到香港的电报就可通过分属中国、丹麦大北与英国大东三家公司的三条电报线发送，三公司间不可避免会发生价格竞争。

其实，早在大东公司打算敷设沪港海线时，盛宣怀就意识到价格竞争是不可避免的，但是因为敷设旱线比海线成本低了很多，所以面对竞争，他有一定的底气。

大东建成沪港海线后，试图与中国电报局订立电报费公分合同，以避免双方间的跌价竞争，但盛宣怀仍持不与其签订齐价合同的态度。此时，大北却试图与中国电报局争一个高低。1884 年11 月 21 日，大北总办恒宁生面见上海电报局经元善时，公开提出准备削减电报定价，与中国电局展开竞争。经元善与大北等反复协商，提出仿招商、太古、怡和轮船水脚之例，与两公司订立报费摊分的合同。但是，盛宣怀没有同意经元善所提的意见，因为他认为只要苏浙闽粤线各局人员认真经营，一定能竞争过对方。

盛宣怀其实也很清楚与它们明争是难以取胜的，"……惟有与之暗争。所谓暗争，明与海线一律收费，而按月底给与回用，总使打报者稍占便宜，能使数目两相比较，我处报费不少于彼，则易知矣"。①

然而，1885 年 8 月 15 日，大北与大东联合在《申报》上发布公告："本公司从上海至香港、闽粤各埠往返之华报，均由海线直达，且报费既不分等第而时刻亦不稍稽延，向章随到随发，随接随递。查上年始定，原以三码并作一字，兹于光绪十一年六月念五日起，嗣后概照四码并作一字，并将报费亦拟酌减。"这

---

① 《盛宣怀致周锐函》（光绪十年十月），盛档。

等于将了中国电报局一军，因为与大北、大东两公司相比，中国电报局无论在电报传递时间上还是在电报费价格上，都稍逊一筹。

因此，在此次竞争中，中国电报局明显处于劣势。同时，苏浙闽粤线常常因线断杆坏等原因无法正常通报，失去不少生意。尽管如此，盛宣怀依旧没有与两公司妥协的打算，因为此时中俄边境有可能实现接线，给中国电报局带来了新的希望。

1886 年初，东北吉林电报线路开始建设。在规划此条线路时，盛宣怀设想可将此线与已抵达东北边界的俄国电报线相接，这样国际电报就可从中国电报线经由俄国线发往欧美，而不必再走大北、大东两公司的海线。由于陆线造价低，电报定价也可更低，并且由于路程缩短而提升了发报效率，中国电报局在与大北、大东两公司的竞争中就可占有较大的优势。当大北、大东得知中方意图后，千方百计想要阻拦，不仅搬出政府来撑腰，它们的总办还亲自到天津和北京游说李鸿章及总署官员。他们在天津等处碰壁后，不得不转往烟台，去同盛宣怀商议解决办法。

正当盛宣怀欲与两家公司谈判时，俄国却要插手此事。俄驻华公使拉德仁归国途经天津时，面告李鸿章俄方的态度是"极愿接恰线，但先与丹立约，必俟中丹公司定议乃可议接"，并托李鸿章转告盛宣怀，在与大北、大东两公司商谈时应"略予丹便宜，免丹、英海线中废"。俄坚持与中国接线的前提条件是中英丹三公司先订齐价合同，并毫不掩饰地表达其对两公司利益的关切。李鸿章给盛宣怀的指示是："北、东允议成华官电减半收费，或全免，望酌。但不得因此令我公司吃亏"①，留给盛宣怀较大的谈判空间。

---

① 顾廷龙、戴逸主编《李鸿章全集》卷 22，第 195 页。

　　此后，经过反复商议和争论，盛宣怀与两公司于 1887 年 7 月 7 日签订《会订电报根本合同》，规定了一些根本性问题。8 月 10 日，三公司又在烟台订立《会订电报齐价摊分详细合同》，共二十条，其要点为：（1）电报从沪福厦三口以外中国地方至欧洲及以外诸国（俄国除外），无论从何线传递，报费归中国电报局得，每字定价 5.5 法郎克；（2）电报从沪福厦港至欧洲及以外诸国（俄国除外），从中国旱线或两公司海线传递，报费归两公司得，每字定价 5.5 法郎克，该报费的 10% 分给中国电报局；（3）中国官报无论从何处寄，从旱线传递报费全归中国电报局，经海线传递报费全归两公司。

　　该合同对中国电局来说不是很有利，但如不订此合同，俄国就不可能与中国谈接线之事，而所谓利用中俄接线进行跌价竞争也只能是一种空想。盛宣怀与两公司议定的合同条款为中国电局争取了部分利益，其中最重要的是中国电报局每年可从两公司所收的出洋报费中分得 10%，即 10 万元。这些报费与原先设想的分得 1/3 的目标，当然有不小差距，不过盛宣怀之所以肯接受 10% 的份额，主要还是为了早日实现与俄国接线，以便能从接线中获得更大的利益。而 10 万元对当时的中国电局来说也是一笔不菲的收入，因为 1887 年电局的全年报费收入也不过才 41 万多元。[①]

　　然而，该合同迟迟没有得到总署的认可，支持与反对的意见争论不休，经过李鸿章、盛宣怀的反复努力，直到 1889 年 8 月，大部分总署大臣都赞成将此事推到总署外去议决，于是，齐价合同的谈判总署几乎未再干预，基本由盛宣怀主持议定。

[①]　王东：《盛宣怀与晚清中国的电报事业（1880~1902）》，第 105~111 页。

十三　因架设苏浙闽粤线挪用资金而受参劾

1883 年，费尽周折获准的苏浙闽粤线和长江线架设工程正式开始动工，工程急需大量资金，然而，此时一场意想不到的金融风潮席卷上海，给羽翼未丰的电报局带来沉重的打击。为苏浙闽粤线以及长江线筹集建设资金的第二次招股活动，结果极不理想，实际只招到 30 余万元，连预招股份的一半都没有达到，还有 50 万元的巨大缺口。盛宣怀只得利用手中的资源及人脉关系，想尽一切办法筹集资金，包括将金州矿局股金移入电报局、向官方借款、借用津海关资金、利用自家典当筹钱以及向外国公司借款等。盛宣怀的这些筹钱办法基本解决了电报局的资金问题，使中国电报事业渡过了创建之初遇到的最大危机，得以继续朝前发展。

1882 年 9 月起，盛宣怀兼任金州矿务总局督办，但金州矿的开采进展缓慢，难以在短期内投入生产。1883 年，电报局出现招股困难后，盛宣怀首先想到的就是先借用金州矿务局存在钱庄的资金，以充电线架设费用之急。当年 4 月，他以电报局名义咨会金州矿务局，要求其将部分资金以购买电局股票形式转借给电报局，办法是让矿局借 20 万洋元给电报局，然后等电报局招足 80 万元股份后，再将这 20 万元如数归还。因为矿务局本就由盛宣怀主管，因此其回复也只是形式上的，除表示应移缓就急，借给电报局资金外，借款、还款办法也是完全遵照盛的提议执行的。这样电报局向金州矿局借款的事在盛宣怀的一手操办下顺利完成。

然而一年之后，上海市面不仅没有恢复，反而变得更糟。因此，电报局很难在短期内招到股份，将借款归还金州矿局。这件事被清廷发现后，盛宣怀因"办理含混，铺张失实"而受到查处。

事实上，1883 年办理与大东、大北两公司交涉事情挽回不少利权，主持建设苏浙闽粤线、广州至广西龙州线便于军报传递，这些业绩为盛宣怀获得实缺官职创造了条件。由于他的出色表现，闽浙总督何璟和两广总督张树声都奏调其去帮办洋务，李鸿章更于 1884 年 6 月做出由盛宣怀署理津海关道的决定。然而好景不长，没过多久就有人上奏参劾其专营牟利，尤以其挪用金州矿局股金一事为重点。

李鸿章等朝廷大员都出面为盛宣怀说话，但是朝廷的态度仍不太明朗。盛宣怀在无奈之下于 1884 年 9 月 9 日给左宗棠呈一禀文，请其给予帮助："职道因电务紧急，挪用矿本，致被严议。本拟即日乞归，将所有经手十一省电报、金州矿务，以及天津团练、海防支应、机器、军火各项差使，求即派人接手，职道从此可以归家读书。际此时艰，去留何惜，但蒙中堂一朝知遇，即已被诬，若不昭雪，职道一人进退，何关轻重，而数年辛苦经营，坐视各局败于垂成，辜负宪恩矣！此为一己出处之义，惟中堂曲全垂察焉。"[①]

关键时刻左宗棠起了作用，左虽然与李鸿章不和，但他知道盛宣怀是个难得的洋务人才，他在接到盛宣怀的请求后，随即向朝廷上奏《人才屈抑可惜请再饬查盛宣怀折》，认为盛宣怀在这件事上，尽管做法有些不妥，但是他没有贪污，更重要的是他的做法救了急。事实上，当时朝廷拿不出钱来，盛宣怀也是不得已

① 《盛宣怀上左宗棠禀》（光绪十年七月二十日），盛档。

而为之。于是，左宗棠上疏为盛开脱。再加上负责调查此事的曾国藩之弟曾国荃认为，"挪矿股归入电股，皆据一再禀详，移缓就急，亦尚非有意含混。且苏、浙、闽电线之成，皆得该道移矿就电之力，于军务裨益犹大"，不但无过，而且有功。

当年 10 月 16 日，李鸿章与曾国荃合奏《查核盛宣怀参案请免降调折》，指出盛宣怀"移矿股归入电股，曾据一再禀详，移缓就急，亦尚非有意含混。且苏、浙、闽、粤电线之成，皆缘该道移矿就电之力，于军务裨益尤大"，因此请求将盛宣怀免于降调处分。之后奉旨"盛宣怀前得降调处分，着加恩改为降二级留任"。① 金州矿股参劾案，最终以盛宣怀降二级留任而告终。

十四 电线架设工程迅速向各地拓展

盛宣怀并没有因架设苏浙闽粤线和长江线挪用金州矿股资金受到参劾，而放慢国内各地电线架设的进程，反而加快了其他地区的电线架设。其中，有一部分电报线的架设，是因为战事、赈灾的需要，而提前安排上马的，如 1884 ~ 1885 年，海防吃紧，因战事所需，加紧架设了济南至烟台的电线，随后又延至威海、刘公岛、金线顶等地方；1887 年，因郑州黄河决口，需要"筹办工赈事宜"，由山东济宁设线至河南开封；1888 年，架设了江西九江至赣州的电线，通过达瘦岭入南雄与广东官线相接；1889 年，因东三省边防需要，由奉天（沈阳）加接吉林至珲春的陆线；1890 年，"因襄樊地方为入京数省通衢，楚北门户边境要冲"，所以从沙市设线直达襄阳。

---

① 顾廷龙、戴逸主编《李鸿章全集》卷 10，第 563 ~ 564 页。

除了以上这一系列干线的敷设外，盛宣怀还主持设立了许多电报支线。如 1884 年添设的天津至京城，山东掖县之沙河至胶州的电线；1891 年添设的徐州至台儿庄的电线。

1889 年，中国电报线"已东至东三省；南至山东、河南、江苏、浙、闽、两广；缘江而上，至皖、鄂，入川、黔，以达云南之极边，东与桂边相接；腹地旁推交通，几于无省不有；即隔海之台湾，属围之朝鲜，亦皆遍设"①。1890 年，陕甘电报线架成，西端达嘉峪关，计驿路 2900 余里，②中国电报线可谓四通八达。

1891 年 7 月 31 日，《申报》曾对当时中国电线的发展情况做了详细的介绍：中国电线发源于京畿，分三大支，又从镇江分二支，兹依次书之，以清眉目。自北京至天津、天津西达肃州为一支，中经保定、获鹿、太原、平遥、侯马、潼关、西安、泾州、固原、兰州、甘凉等州是也。津东达珲春、爱珲、海兰泡为一支，中经紫竹林、北塘、大沽、芦台、山海关、锦州、营口、旅顺、盛京、凤凰厅、吉林、宁古塔、珲春、伯都讷、齐齐哈尔至爱珲是也。津南至山东阿城为一支，中经白塘、德州二处是也。自山东分三支者，阿城南至济宁，自济宁西至曹县、开封府为一支。自济宁东至威海、刘公岛，中经济南、周村、潍县、胶州、沙河、烟台、高村为一支。自济宁南至台儿庄，清江浦、扬州、镇江为一支。从镇江分两支者，西则至下关、金陵、芜湖、大通、安庆、九江、汉口、荆州、沙市、襄阳，宜昌、夔州、万县、重庆、泸州、成都、毕节、贵阳、宣城、大理、腾越是也。东则至无锡、江阴、苏州、上海、南浔、嘉兴、杭州、绍兴、余姚、宁波、镇海、竹

---

① 中国史学会主编《洋务运动》第 6 册，第 418 页。
② 顾廷龙、戴逸主编《李鸿章全集》卷 14，第 463 页。

溪、浦城、建宁、延平、福建、马尾、川石山、淡水、基隆、台北府、新竹、彰化、嘉义、台湾府、打狗、平安、澎湖是也。此外又有二支，一自福建而西，则泉州、厦门、漳州、潮州、汕头、海丰、惠州、石龙、香港、广州、黄埔、虎门、肇山、梧州、昭平、桂林、浔州、郴州、南宁、龙州、凭祥、百色、剥隘、广南、开化、蒙自、蛮耗、河口至云南府。一自安庆至广州，中经九江，而南至南昌、吉庆、赣州、南雄、韶州、英德、连州、连山、西佛、南山以接广州。又自广西省之横州南至崖州，中经廉州、钦州、防城、东兴、岸步、北海、高州、雷州、琼州、海口、海头屯、昌岭门、陵水，以合于崖州而止。

1892 年设安庆至庐州线；1893 年由襄阳加铺至老河口，1895 年由西安起设电线与老河口相接；1896 年设武昌至长沙线，1898 年又由长沙设至湘潭、醴陵、萍乡等干线；同年设胶州至青岛、湖北武昌至大冶、大冶至江西九江线，徐州至宿迁线等。这些电线的兴建，除了保障军事需要外，在发展经济、商务方面发挥了很大的作用。

自 1880 年秋盛宣怀担任中国电报总局总办至 1898 年底，将近二十年的时间，中国的电报线架设遍及黑龙江、吉林、辽宁、内蒙古、北京、天津、河北、河南、山东、山西、陕西、甘肃、上海、江苏、安徽、江西、湖北、湖南、浙江、福建、广东、广西等二十多个省市，几乎涵盖大半个中国，大大提升了中国通信近代化的水平。

在盛宣怀的主持下，西北、东北、西南以及朝鲜等处敷设的电报线，有将近 30% 为官线，它们在军事与经济上发挥了很大的作用。1882 年，中国军队在朝鲜"壬午兵变"期间取得的胜利，"实赖电报灵捷"。

第五章　轮、电二局与甲午战争

一　甲午前夕被任命为天津海关道

1892 年 6 月，已经 48 岁的盛宣怀被任命为天津海关道兼海关监督，8 月正式到任。

其实，早在 1884 年 6 月，盛宣怀已被授予署理津海关道，但因挪用金州局股金之事受到参劾，津海关道一职未能保住。不过盛宣怀办电报的成绩最终还是得到朝廷的认可。1885 年，李鸿章以其办理电报成效卓著，为其请奖，盛获得"着交军机处存记，遇有海关道员缺出，请旨简放"的评语。1886 年，盛宣怀再次荣任海关道，尽管这次是职位稍逊于津海关道的东海关道，但不再是署理而是实授，这对只是秀才出身的盛宣怀来说，是莫大的荣耀和成就。

1892 年，李鸿章在上奏清廷的《盛宣怀调津关折》中，这样评价盛宣怀："兹查有头品顶戴东海关监督登莱青道盛宣怀，江苏武进县人，自同治年间奏调军营，随臣到直，历办海防洋务，均能洞中叠要，薆经委署天津道海关篆，措置裕如。光绪十二年六月奉旨简放东海关道，该道志切匡时，坚忍任事，才识敏赡，堪资大用。前委创办轮船招商局，两次收回旗昌各轮船码头，并增置新船多只，历年与洋商颉颃，挽回中国权利，关系通商大局，该道力任艰巨，为人所不能为。又光绪六年以来，随臣创办电线，绵亘十七省，腹地以迄东三省、朝鲜、新疆各处，东与俄罗斯、日本，南与法、英、丹各国水陆线相接，遇有军国重要事件，消息灵捷，均赖该道心精力果，擘画周详"。①

天津既是中外贸易重要的通商口岸，也是直隶总督兼北洋通商大臣的行署所在地。关于"天津海关道兼海关监督"这个职位，有关文献是这么介绍的：天津"关道专管中外交涉及新钞两关税务，兼充北洋海防翼长，联络统将布置行营事宜，其责任繁重，非他省关道可比"。盛宣怀"所管轮、电两局，事机重要，而电线接展，动关外交。北洋、译署互商密件，文忠辄引府君参预其间，竭诚酬知，日有献替"②。这表明盛宣怀这位天津道，不仅掌管着轮、电二局等大型实业，还是北洋参谋部的要角，足见其地位与任务之重。

清末翻译家、《民报》主编、苏州吴县人沈毓桂为恭贺盛宣怀，曾写道："盖津海为畿辅屏障，北洋锁钥，需才既亟，理治维艰。今得观察持节其地，上佐爵相调剂中外之情，运筹帷幄之地，无不得心应手，固应裕如。真所谓非常之事，必待非常之人任之"。

盛宣怀从 1872 年开始先后涉足轮船、矿务、电报等实业，为了维护国家的利权，他不断与西方列强争斗。1886 年 7 月，盛宣怀被任命为山东登莱青兵备道兼烟台东海关监督，应该说他在

---

① 李鸿章：《盛宣怀调津关折》（光绪十八年五月二十四日），《李文忠公奏稿》卷 74，第 30 页。

② 中国史学会主编《洋务运动》第 8 册，第 54 页。

登莱青道任上的六年，是清政府内政与外交相对平静的时期，然而他上任天津海关道之后的四年，中国与外国势力争斗的目标转向了日本。随着日本侵犯中国的欲火不断升温，地当沿海要冲的天津，变得很不平静。

事实上，从 1884 年起，朝鲜政局就开始动荡不定，日本驻韩公使竹添进一郎联合亲日的开化党人密谋发动政变，挟持国王李熙，清军在朝方的要求下攻入王宫，击败了开化党人和日军，救出了李熙，迫使竹添进一郎自焚使馆，率部逃亡到仁川的日本领事馆。盛宣怀出于政治上的清醒与警觉认识到，如不将日军的进犯及时击溃，战火就有可能烧到中国。因此，在清政府出兵支持朝方的行动中，盛宣怀的态度十分明确，并且支持自己的长子盛昌颐（笔者的祖父）为"平息倭寇侵扰而出征高丽"。盛昌颐在他二十出头、血气方刚的时候，奔赴朝鲜战场，英勇杀敌，终于凯旋而归并受皇帝加封二品官衔。

朝鲜政局动荡期间，清政府错失外交良机，使日本在朝鲜的势力逐渐壮大，盛宣怀上任天津海关道之后，这种形势进一步加剧。他意识到中日之间有可能再次爆发战事，因此，在行动部署上加快了步伐。当时轮船招商局与怡和、太古的价格战正打得十分激烈，为了增强商局的抗争能力，他强调商局要加以整顿。商局经过以"开源节流"为主的整顿，增强了实力，于 1893 年 4 月与怡和、太古两公司重新签订了齐价合同。

与此同时，盛宣怀紧抓架设电线的工程，为了电线工程上的需要，1892 年 9 月 27 日，他与天津瑞生洋行订立购买十二吨六重三心水电线合同；1893 年 4 月，又与天津瑞生洋行订立购买电线器材合同。

1893 年 9 月，上海机器织布局的一场大火，使盛宣怀在天津海关道职位上屁股还没有坐热，就又被派往上海，负责重建织布局。11 月 26 日，盛宣怀"奉到规复上海机器织布局札委"。12月 8 日，他"自津抵沪，从事规复织布局重任"。经过四五个月的努力，当华盛纺织总厂的重建走上正轨时，他于 1894 年 3 月及时回到了天津海关道的任上。

紧接着，1894 年 5 月，朝鲜发生了农民起义，清廷应朝鲜国王之请，派兵三千赴朝镇压。日本政府也迅速出兵一万多人入朝，占领汉城，幽禁国王，逼迫朝鲜与我断绝宗主关系，引起我朝野一致愤慨，终于引发甲午战争。

在整个战争期间，盛宣怀利用自己督办的轮船招商局的船只，积极运送官兵、枪炮、子弹、粮食；利用自己督办的电报局，及时为清军提供军政情报。面对敌寇的侵犯、国家的需要，盛宣怀的弟弟盛星怀（笔者的"四世叔父"，年龄与盛昌颐相仿）义无反顾地奔赴战场。他不顾年迈的父母阻拦，毅然奔赴朝鲜，不幸光荣战死沙场。

二　甲午战争前夕签订齐价合同

1886 年 3 月，盛宣怀担任督办之后，商局与怡和、太古公司签订了第三次齐价合同。

由此，商局在盛宣怀的领导下，采取了较为有效的措施，很快得到恢复和发展。票面值每股一百两的股票，从 1884 年的五十两很快恢复到一百两至二百两之间；洋债逐年按数偿还，官款亦得以逐步归还。商局发展的形势越来越好，使怡和、太古两个老对手坐不住了，他们乘 1890 年齐价合同届满，采取以往的老办法，企图再次通过跌价与商局一争高下。

太古公司抢在前头，"始则七八折，继而五六折，三四折"，后来"竟跌至一折或五厘"；怡和公司步其后尘，也将价格"跌至一折"。商局面对此种情况，为了争取客户，被迫将价"跌至二折者，亦有跌至三四折者"，商局的股票也随之大跌。

当时盛宣怀还在登莱青道任上，主要的精力在山东，但是作为商局的督办，他随时都关注着商局与怡和、太古之间的竞争。商局汉口分局施肇英向他请示对策时，他认为："太古滥放水脚竟至一成，实属不成事体。我局与怡和仍宜随时会商，总以四成、三成五为率。如果一成即任太古全装。好在船期不同，亦不能全无生意"①。盛宣怀根据经验判断，太古将运价减至一成的赔本生意是做不长的，为了对付太古，商局应该联络怡和，但他又提醒施肇英："既防太古明与倾轧，亦须防怡和暗中损我"，对太古、怡和都要保持十分的警惕，以利各个击破。

为了对付外轮公司的恶性竞争，盛宣怀采取了几项果断的措施来增强商局自身的竞争力。第一，要求各地商局职员想方设法招揽客货。他说："三公司已经毁议，全在揽载认真，方免蹤乎其后"。又说："三公司分开，彼此争斗各不相下，全在联络官商相机因应"，而这方面恰恰是商局的优势。他要求九江、汉口、福州等地分局，抓紧夏秋新茶上市之机，"务须妥为设法招徕，能与各栈家暗中商议，给予全年一成回用，使货物全装局船，以和定为止，则所损小而所益多"②。经过各地商局职员的努力，招揽到很多客商。第二，通过李鸿章争取政府的帮助。盛宣怀致函给商局会办严潆，告诉他："太古负气跌价颇伤大局，若果无和

---

① 《盛宣怀复施子卿函》（光绪十六年闰二月十六日），盛档。
② 《盛宣怀致梅西函》（光绪十六年闰二月十七日），盛档。

议，已密请傅相与总署、户部商定，设法酌加厘金，以客商所省之水脚暗加厘金之上"，以"酌贴商局"。根据盛宣怀的测算，"大约本局经费连汇丰利息需用一百五十万两，照此能否收进八十万两，所短七十万两，拟请国家津贴，以三年为度，想必怡、太可以自退矣"①。此举增强了商局的底气。第三，要求参与和怡和、太古谈判的商局代表，既要坚持原则，又要注意灵活性。为了增强谈判力量，他引荐在轮运方面具有经验并于先前担任过商局帮办的郑观应入局，参与谈判。②

在具体谈判过程中，盛宣怀一再为商局代表出主意。1891年11月6日，他致函陈辉庭，商议与怡和矛盾的问题，认为彼要分数比去年冬议多三分，"弟断不能允，宁可亏本再斗，决不能为大局失此体面"。11月8日，又致函陈辉庭，为"齐价合同"事，提出二策：（1）长江准其不减，天津亦不加。（2）天津加二分，长江现减二分，候其添一大船即加还他二十七分。他说本局局面虽不在乎二三万，而面子不能不顾。11月21日，盛致函陈辉庭：请将我实在主意切实告知怡、太两家，如若它们不让步，我即赴津京请将漕米归本局包运，再请海军衙门将土药厘金酌提二十万两一年津贴商局。这样，"虽一百年亦不再议和矣"。

经过多次谈判与较量，怡、太两家已经认识到商局是不会让步的。1892年6月，盛宣怀被任命为天津海关道兼海关监督，怡、太进一步看清了商局谈判代表背后的底气。另外，此时中日关系已趋紧张，日舰不断到中国北方沿海侦察，清政府已把注意力放在日本身上，盛宣怀也希望三家谈判尽早有个结果。1893年

① 《盛宣怀致严潆函》（光绪十六年闰二月初四日），盛档。
② 易惠莉：《中国第一代实业家盛宣怀》，《江苏文史资料》第77辑，1994，第36～37页。

春，商局与怡和、太古公司终于签订了第四次齐价合同，并付诸实施。谈判的结果，上海—宁波航线、上海—福州航线的分数比例照旧；长江航线上的份额，招商局占 40%，太古占 35%，怡和占 25%；但在北洋航线上，招商局做出了让步，怡和与太古的份额由 28% 分别上升到 31% 和 32%，这也许是盛宣怀出于对中日战争形势的判断，所做出的尽量减少招商局的船只走北洋航线的考虑。第四次齐价合同的签订，使商局的股票从 1890 年的每股五十两上涨到 1893 年的每股一百四十两。

三 招商局积极适应战事的需要

轮船招商局在发展过程中，为北洋海防与南洋海防做过很多贡献。以盛宣怀担任督办的 1885 年至 1886 年为例，商局共为北洋海军转运弁兵军火多达 23 次，为此，北洋海军共支付运费 39731 两之多。承运的项目包括官弁、勇夫、鱼雷、枪、炮、子弹、千斤柱、车轴、铁轨、电灯等，商局与北洋海军建立了良好的协作关系。值得注意的是，商局承运军队、粮饷、官弁、马匹、棺木等官差时，水脚"均照定数或七八折，或五六折，从减核收"①，这大大减轻了北洋海军的军费开支。

盛宣怀出任天津海关道之后，商局与北洋海军的关系更加紧密了。1894 年 3 月，甲午战争前夕，盛宣怀从上海回到天津的任上，李鸿章欲巡阅海军，要盛宣怀随行，盛宣怀因病不得不请假回沪休息，未能陪同李巡阅。

1894 年 6 月，朝鲜政府请求中国协助镇压东学党起义，清政

---

① 聂宝璋编《中国近代航运史资料》第 1 辑下册，上海人民出版社，1983，第 820 页。

府派兵三千赴朝，进驻牙山，日本也借机出兵赴朝。不久，朝鲜政府同东学党达成妥协。清政府命入朝军队集结于牙山，准备撤回，同时要求日本撤军。日本拒不接受，随后挑起武装冲突，企图以武力控制朝鲜，清政府为增援牙山孤军，决定增兵朝鲜。

随着战事的变化，盛宣怀不得不销假，抱病主持天津海关道的工作。

战事进展神速，北洋大臣李鸿章奉旨迅速出兵。他在战前动员大会上，发令道："各部门、前后方须通力合作，奋勇杀敌，将倭人赶出朝鲜。本部堂命令提督衔总兵马玉昆率武毅军二千人从旅顺出发；高州镇总兵左宝贵统奉军三千五百人，盛京副都统丰升阿率奉天练军一千五百人，均从奉天出发。""命卫汝贵所部盛军六千人从天津出发，与马玉昆军都在鸭绿江口大东沟登岸去平壤。"

李鸿章对卫汝贵指出："盛军军纪在淮军各大支军队中历来最差，汝此去平壤，须特别注意整肃军纪，爱护朝鲜民众，如同家人。"

李鸿章接着又喊道："海关道盛宣怀听令！"并对着盛宣怀说道：两军交战，你经办的事最多、最急、最杂，应以军需转运为主，并为本部堂参谋策划。目前最要紧的是火速派船运送旅顺马玉昆的毅军和天津盛军去大东沟登岸，同时，速令奉天电报局和朝鲜境内我方设立的各地电报分局保持线路畅通无阻，不得延误军情。再，立即查清各地所存大炮枪支弹药数量，以备调度，并收集开仗情况每天向本部堂禀报。

7月23日，"威远"护卫"爱仁""飞鲸"两轮自牙山返航。清政府为增援牙山孤军，派北洋海军"济远""广乙""威远""操江"等舰船护送运载援兵的"爱仁""飞鲸""高升"三轮

（均为雇用的英国商船）赴朝。

25 日晨，"济远""广乙"两舰也自牙山回航，接应正向牙山驶来的"高升""操江"轮，当驶至牙山湾口丰岛西南海域时，突遭日本联合舰队第一游击队巡洋舰"吉野"（旗舰）、"浪速"、"秋津洲"的截击，"高升"号轮船被日军击沉，"济远""广乙"号被击伤，这就是史上有名的丰岛海战。日本发动了侵略朝鲜和中国的战争。

李鸿章立即命盛宣怀致电率军进入朝鲜的卫汝贵，命其必须抢在日军之先，迅速占领平壤。

李鸿章发布完命令之后，为适应战事需要，盛宣怀立即部署轮、电二局，迅速行动起来，首先要商局调配船只，为运送军兵、军饷及枪支弹药做好安排，同时要求电报局各分局迅速派员检查沿途线路情况，确保线路畅通无阻。

此外，盛宣怀以中国电报总局督办的名义，电告各分局：日本已开战，不准再为日商拍发密码电报，否则必将严惩。电文说："通饬各局，倭兵已在牙山开仗，各局自今日起，除中国官报、公报密码照发外，凡商报无论华洋文，密码均不准收，明码应听局中细看，如有关涉军务者亦不收发，如有违误，定惟局员、学生是问。至各国公使及总税务司，如收发密码报，须将密本送局查看，在京请示总署，在津请示督署，方准收发"。

8 月 1 日，中国正式宣战。

四　甲午战争对商局的影响

对于如何处理中、日、朝之间的关系，盛宣怀有其自己的主张，他希望尽量避免中日发生战争，"……诇知日俄谋韩益急，伺隙即动，曾从容言于文忠，请仿欧西瑞士例，由数大国公同保护，勿贪藩属空文，而受唇齿实祸"。清政府对盛宣怀的建议"格于清议不纳"。当中日战争紧张之际，盛宣怀屡向清政府建议起用精明强干、办事坚决、有智有勇的前台湾巡抚刘铭传参与军事指挥，政府"初不以为然，事急召之"，而刘铭传坚决不出。盛宣怀又向政府上数千言，建议"募德弁，练新兵，购快艇，协助海军"，仍不为政府采纳。[①]

中日开战，对轮船招商局的影响是极大的。首先，商局的船只要随时服从战事需要，奉旨及时派出船只为部队运送官兵、枪炮、子弹、粮食等。例如在黄海战事中，招商局派出轮船装运总兵刘盛休铭军八营陆兵赴大东沟登岸，于 1894 年 9 月 16 日由大连湾开行，午后抵大东沟，其间海军各兵舰奉调护送，然而遭遇日寇袭击，北洋海军损失惨重。再如 1895 年，中日战争打到中国东北境内，招商局的船只奉调装运福寿军从锦州返赴天津。类似的运输任务很多，在战事紧急的情况下，商局不能顾及经济收益，首要的是服从军事需要。

其次，双方交战期间，北洋海军无力为商局的船只提供足够的保护，为避免轮船被日方海军当作战舰进行攻击，商局的船只只能暂时换旗出售。就在李鸿章发布命令的当日，盛宣怀就致函沈能虎、郑观应：拟将津沪轮船六号明卖于怡和或汇丰，明立售约、欠银约各一张，暗立事竣还局密约一张，即"明卖暗托"。10 月 13 日，盛宣怀致函沈能虎、郑观应，与英商元丰顺洋行斯毕士议售"求清"轮船一艘，拟定规银四万两，请郑观应、陈猷与斯毕士同赴奥国总领事署内签押过户，收银换旗。10 月 23 日，

---

① 易惠莉：《中国第一代实业家盛宣怀》，第 41 页。

他又致函沈能虎、郑观应：与信义洋行李德议售"海琛"轮船一艘，拟定规银六万两，请郑观应、陈猷即与李德同赴德领事署内签押过户，收银换旗。11月3日，郑观应第四十八号信说："礼和洋行四船（新裕、海定、丰顺、美富）业已交易换旗。"盛宣怀之所以这么做，不仅是为了保护自己的船只，也是担心一旦商局的船只被日寇掳获后，转过来为敌人效劳，其后果是难以挽回的。

最后，中日双方开战，为规避战事的影响，商局的经营受到严重影响。1894年8月7日，盛宣怀在致郑观应的函中提出："局船除北洋不走外，长江照旧开行。同意将有些轮船归外商代理的意见。"事实上，甲午战争对商局经营活动的影响是很大的。由于航线的减少，商局当年的盈利明显下降，1893年、1894年商局的资本额都为200万两，1893年的盈利高达84万多两，利润占盈利的比重为62.83%，但是，由于战争爆发，1894年的业绩大大下降，以致无法找到盈利的数据。招商局1874年至1901年的统计资料表明，一般每年都要拨出不少资金购置码头、栈房等产业，而唯独1894年为空白。1894年商局拥有26艘轮船，而到了1895年，不仅没有增加，反而减少了两艘。

中日开战，盛宣怀的精神压力很大。1894年9月，平壤之役，追随卫汝贵赴朝鲜参战的盛宣怀五弟盛星怀在前敌阵亡。消息传到天津，盛宣怀悲痛欲绝，忧劳愤激，一病几殆。身患重病的盛宣怀先是仍然坚持工作，后来病益沉重，只能请代理关道黄花农暂时署理。

作为天津海关道的盛宣怀"奉委办理东征转运，棘手尤甚，昕夕不遑"。为办理战事所需的军饷而疲惫不堪的盛宣怀，竟被人诬劾"以采买兵米侵蚀浮冒"等罪责。最后，还是由李鸿章查复，上奏清廷说明："前敌军米奏明饬由臬司周馥、道员袁世凯就近在奉天采买，畿防军米向由各统将自行购备，该道但司转运，并未经手采办，无从浮冒。至天津招商局北栈被火，所毁商米杂货，均系客商存件，并无官米在内，该道无从侵蚀。"这样，诬劾之事才算了结。

五　甲午战争改变了商局的漕粮运输

1894 年甲午战争爆发，双方开战时，清廷当年的漕粮海运已经完毕，但是到了 1895 年，北洋海军遭受重创，制海权丧失，使漕粮海运受到巨大冲击。清政府内部对漕粮运输的方式产生争议，有主张继续河运的，也有力倡铁路运输的，更有主张大规模漕粮改折的。

时任江苏巡抚瓜尔佳·奎俊向朝廷建议："……全漕起运为数过多，一律改折又担心京仓缺米，州县赔累。建议将全部白粮及部分漕粮作为商米，由商局交洋轮包运。"御史王鹏运对此建议表示支持，说：洋轮包运商米，"事属从权，本难深峙"，但河运已腐化难开，舍此别无他法。

面对这一困局，清廷命江苏巡抚议复，为此署苏州藩司黄祖络、粮道吴承潞等人与盛宣怀往返筹议，最后决定：先解决当前的困难，由招商局在上海、天津设立商米公栈，各属将所收米石交上海公栈，分雇洋轮装运，所有损失由招商局按照每石"所需连同保险费，合给银 3.81 钱"以赔偿。1895 年的漕粮运输，就按此办法实施。

甲午战败后，漕粮运输的重任又重归于轮船招商局，海运依然是漕运的主要方式。但是，鉴于日军兵船出没大洋，"虽未即敢肆扰沿海，而商舶来往已不免戒心"，对于漕粮运输的方式，朝廷上下产生了争议。山东道监御史庞鸿书奏请暂时放弃海运，他提出的办法是：江浙两省于河运之外，加运若干，从海运经费及山东挑浚费用中酌提若干，以为陆运费用。但因河运速度迟缓，弊端极多，仍有不少督抚大员支持继续扩大海运，直隶总督王文韶就持这种态度，他要求"自（光绪）二十二年为始，将江苏改拨之河漕一律改为海运"。也有主张兴建铁路来运输漕粮的，御史管廷献就建言说，"铁路有'四利十便'"，认为可以用铁路来补运河不足。然而，兴建铁路需要巨额资金，而且不是一时半刻就可以派上用场的。

甲午战争爆发对漕粮运输最大的影响是，漕粮运输量大大下降，而商局的运漕占其运输总量的比例反而上升了。1894 年甲午战争爆发，因为该年漕运在战争爆发之前已经运输完毕，故这一年江浙两省漕粮共由招商局运输 1208805 石，占其运输总量的 57%。1896 年战争结束，此年江浙两省共由招商局运输漕粮 1230193 石，占其运输总量的 54%。然而战争最为激烈的 1895 年，江浙两省共由招商局运输漕粮 395300 石，占其运输总量的 100%。更为奇特的是，招商局运漕数量占江浙漕运总量的比例在 1895 年之后的五年内虽较 1895 年的 100% 略有下降，但明显高于之前的平均水平，"到了光绪二十七年（1901）之后，其比例就保持在了百分之一百不变"。

无疑，甲午一战大大提升了轮船招商局在运漕事项中的地位，以至于到最后完全排挤了木船及木帆船在运漕中的作用。漕粮北运由此全依赖于轮船招商局。

1895 年，北洋海军受重创，完全丧失了制海权，再通过大规模的海运来运输漕粮，无疑是不明智且风险极大的。面对这一情况，清政府响应地方政府的号召，对部分漕粮改折现银。1895年，浙江共征 422600 余石，较上届少征 88900 余石。他们效仿江苏的做法，本折兼解，雇洋轮包运。经商量之后，采用折六运四的办法，"以六成变价解道，转解部库，共计折征 252400 余石，折价银 360624 两"。江浙两省本就是清廷漕粮的主要来源地，而1895 年的漕粮折银已然过半，全国的漕粮折银情况也就可想而知了。

《马关条约》签订后，巨额的赔款无疑令清政府本就枯竭的财政雪上加霜，清廷便加大漕粮折色比例，以应付战后的赔款，如将江苏漕粮改折 30 万石折价解司，"专款存储，听候拨还洋款"，海运的比例愈来愈小。漕粮大规模改折自甲午起，为了筹措庚子赔款，清廷不得不于 1896 年颁布"漕粮改折诏"。漕粮改折解决了清政府的燃眉之急，然而正是由于巨额的战争赔款才使清廷被迫接受漕粮改折。这实在是开先河之举，当清廷面对庚子赔款之时，也只得沿用旧法，采取大规模漕粮改折。①

六　甲午战败后日本航运势力的侵入

1895 年 4 月 17 日，《马关条约》签订，日本获得进入长江及内河航运的权利，为其掠夺中国打开了方便之门。

1896 年 6 月，由白岩龙平主持的日本大东新利洋行正式成立，为开辟上海至苏州、上海至杭州、杭州至苏州的三角航线提前做好准备。9 月，苏州、杭州正式被辟为商埠，与此同时，大东新利洋行首开上海至苏州的 80 浬航线。1897 年 1 月，又开辟

---

① 刘丁：《轮船招商局与晚清海防》，《四川理工学院学报》（社会科学版）2006 年第 3 期。

了上海至杭州的 150 浬航线。

1898 年 11 月，大东新利洋行改组为大东轮船合资会社，日本政府将大东公司的航线确定为"命令航线"，并给予每年 3 万日元的补助金。1900 年 5 月，大东公司又改组为大东汽船株式会社，日本政府给予的补助金增至 10 万日元，后增辟苏州至杭州的 127 浬航线，为此日本政府又追加 2 万日元的补助金。至此，大东汽船株式会社已完成开辟上海、苏州、杭州之间三角航线的使命。

大东汽船株式会社的资本金尽管只有 10 万日元，但是它从日本政府方面获得的补助金却相当可观。它们将政府发放的补助金用来购置轮船，使原先各条航线由隔日班改为每日班，降低了运费，增强了竞争力，使它很快确立了在沪、苏、杭三角航线上的霸主地位。

1902 年夏，大东汽船增辟苏州至镇江 145 浬航线；1905 年春，它又开辟镇江至清江浦 144 浬航线、镇江至扬州 20 浬航线，航线总长达到 660 余浬，成为这些航线上最大的小轮公司。

进入长江主流航线的日本轮船公司是成立于 1885 年、拥有 120 万日元资本金的日本大阪商船株式会社，在日本政府的扶持下，至 1897 年它的资本金已达到 550 万日元。1896 年 11 月，日本政府确定上海至汉口、汉口至宜昌线为"命令航线"，并开通了在这两条航线上的各个港口之间的航行。

1899 年春，大阪商船的浅吃水船"大元"号加入汉口至宜昌线的航行，日本政府给予每年 5 万日元的补助金，"大元"号每月航行 3 次，日本的航运势力扩展至长江主流航线。

1900 年初，大阪商船在日本政府的支持下，将资本金增加到 1100 万日元，并把增资部分的一半用于扩展长江航线的营运，新置的"大利""大亨""大贞""大吉"号轮船陆续下水，其总吨位数一度超过了该航线上所有的其他单个公司；航行次数也随之增加，上海至汉口每月 8 次，汉口至宜昌每月 6 次。

1905 年 6 月，大阪商船又开辟了大阪直达汉口的航线，并积极筹备开通自宜昌至重庆的航线。

1902 年 10 月 14 日，在日本政府的支持下，湖南汽船会社正式成立，资本金为 150 万日元。日本特意为湖南航线设计了浅水轮船"湘江""沅江"号。1904 年 5 月，"沅江"号开始汉口至湘潭航线的航行，每月航行 8 次。1907 年 4 月，新建造的"武陵"号加入湖南航线，使该公司湖南航线轮船数达到 3 艘，总吨位数 3328 吨，成为湖南航线上最大的一家轮船公司。

据统计，至 1906 年底，长江及其支流上共有外国轮船 48 艘，总吨位数为 54794 吨，其中上海至汉口线上，日本轮船 6 艘 7364 吨，其他外国轮船 23 艘 35803 吨；汉口至宜昌线上，日本轮船 2 艘 2147 吨，其他外国轮船 5 艘 4384 吨；汉口至湘潭线上，日本轮船 3 艘 2064 吨，其他外国轮船 7 艘 2221 吨。日本轮船总计 11 艘，总吨位数为 11575 吨，占不到 1/4 的比重。

另外，行走在苏、杭、扬、镇及清江浦等地的外国小轮船共 65 艘，其中属于日本大东轮船公司的约 20 艘，占了近 1/3。①

日本的航运势力倚仗《马关条约》的规定，一步一步地紧逼清政府，在沪、苏、杭三角航线，长江及其支流航线上逐步进行扩张。面对日本势力的进犯，轮船招商局有些无可奈何，只能处于守势。

---

① 朱荫贵：《朱荫贵论招商局》，第 152～158 页。

七　甲午战前朝鲜境内电报线的架设

在晚清时期，中国与朝鲜依旧保持着传统的宗藩关系。早在1882年，中国驻日公使黎庶昌鉴于日本积极策划铺设日朝间的海底电报线，向清政府提议建设一条由天津经旅顺至朝鲜仁川、汉城的电报线。1883年3月，日本与朝鲜签订《釜山口设海底电线条款》后，黎庶昌再次向总署提出应尽早建设中朝电报线，总署也认识到建造中朝电报线路的重要性。不过，受中法战事的影响，设线计划被搁置了下来。1883年底，日本长崎至朝鲜釜山的海底电报线建成。此后，"汉城至釜山，陆路五日可达，各国有要事，皆由釜山电局转递"。

1884年12月4日，朝鲜开化党在汉城发动政变，因缺乏快捷的通信渠道，过了六天北京才获悉政变消息。赴朝处理善后事宜的钦差会办朝鲜事宜大臣吴大澂，回国后就建议应尽早建设中朝电报线路："……由边界至朝鲜国都，约计设电之费，所需不过五万余金，该国亦颇乐从"。朝方通过吴大澂向清政府表示，由仁川安设陆线经汉城至义州达凤凰城共1300里，朝鲜财力一时难办，请由北洋筹借，限年归款。随后，李鸿章、吴大澂等人奉旨筹划架设中朝电报线事宜。1885年6月22日，李鸿章上《议展朝鲜电线折》，盛宣怀拟定了具体的架线方案，同意借给朝鲜建设经费10万两，为免外界猜忌，以中国电报局名义借出，借款分20年归还，免计利息，款项还清以前，朝鲜电报线由中国电报局代管。1885年底，架线工程全部竣工。该线路以汉城为中心，西至仁川，北经平壤、义州，过鸭绿江入中国境内，经凤凰城至沈阳，接入中国电报线通信网络。朝鲜境内设汉城总局以及仁川、平壤、义州三个分局，以汉城总局总管朝鲜电报事宜。日本为此耿耿于怀，一再提出抗议，鉴于当时其自身实力较弱，没有采取强硬措施，但仍坚持要求朝方架设一条汉城至釜山的电报线，并使该线与釜山的日本电报线连接。最后，朝方做出让步，被迫同意日本的要求，与其签订了建造该线的续约，线路建成后朝鲜将仁川、义州的电报线接至釜山的日本电报局。

根据日朝所定电报续约，朝鲜政府应于续约签订后6个月内动工，建造汉城至釜山的电报线。按照清政府原先与朝方签订的条约，朝鲜境内的陆线，应由中方负责建造。盛宣怀通过清政府驻朝鲜总理交涉通商事宜的袁世凯与汉城电报局总办陈允颐，多次与朝交涉，但是，由于俄、日、美等国的插手，工程迟迟不能动工。

1887年4月18日，袁世凯、陈同书按照盛宣怀的意见，与朝方签订了《续立釜山设立电线合同》，规定朝鲜政府自设釜山线，永远不准他国侵权代设；此线路各局章程、报费定价均由华电局会商妥定，不得有碍华线权利，如违合同或侵占华电局权利，由华电局知照朝方禁改议罚等。设线经费最后由袁世凯具函作保，向德国世昌洋行贷款3.4万洋元，并托该洋行代购电线等物件。事实上，中方并非坚持要求釜山线的建设权，之所以不断与朝方进行交涉，主要目的还是在于防范外国势力，尤其是日本介入朝鲜电报通信领域。在盛宣怀、袁世凯等人的积极干预，以及朝鲜亲华官员金允植的配合下，釜山线建设问题虽历经波折，但最终以朝鲜自建、中方代管的方式妥善解决。①

1889年，朝鲜政府打算修建一条汉城至元山的电报线，盛宣

---

① 王东：《甲午战前中朝关系与朝鲜电报线的建设》，《史学月刊》2016年第6期。

怀担心将来俄国设水线达海参崴，朝鲜由陆地设线至咸镜道，他认为："元山线成，西报尽必归俄，所留华线以通缓急，失其利犹当存其权。"当时，朝鲜政府不仅积极谋求自建元山线，而且还在策划收回境内各条电报线的管理权。盛宣怀认为朝鲜既有余款自建电线，应先还清1882年招商局以政府名义借给朝方的20万两。盛宣怀催促朝鲜政府归还招商局借款的目的，是迫使朝鲜政府再也不敢提还款收回电线管理权的事。

最后，朝、中双方都做出让步，于1891年3月24日签订《中国允让朝鲜自设咸境总营元山春川至汉城陆路电线合同》。该合同规定朝鲜自设咸境总营、元山、春川至汉城电报线路，不许他国及公司在朝设线及不准他国代设；此线设成后，局章及报费价目均由中国电局会商妥定，不得有碍中国电局权利；此线仍归中国电局管理；中国官报免费；中国所设汉城、仁川、平壤、义州四局，朝鲜每年津贴湘平银5000两；等等。

甲午战前，中国电报局协助朝鲜架设的一系列电报线路，为保障战事信息的传递奠定了基础。

八　甲午战争中尽力确保通信的畅通

甲午战争前夕，中日关系已趋紧张，日舰不断到中国沿海侦察。为防止日舰偷袭沿海要地，盛宣怀致电两江总督刘坤一，请示在江阴狼山对面沙设立瞭望哨，"派营弁用千里镜日夜驻守，望见日舰即行电报"。在刘的支持下，还修通了对面沙到吴淞的电报线，使沿海的防务电报得以迅速传递。山东半岛的海防尤为重要，特别是威海卫，是北洋舰队的军港所在地。居高瞭望，随时观察日舰行踪，对于及时掌握日舰在中国沿海的活动十分重要。盛宣怀派人在威海卫军港南北各设报房，侦察敌情。同时在处于山东半岛最东端、威海卫军港南边的成山角也设立报房，随时监视军港以南的过往船只，如有可疑，及时通报。为此，他电令："成山电局当派学生带勇各二名，携千里镜帮同瞭望，告由电局速报，各慎责成。"之后，又在威海卫军港以北登州附近的猴鸡岛和长山岛设报房瞭望。这几处报房，在甲午战争期间，为提供军情发挥了很大的作用。

1894 年 7 月 25 日，李鸿章发布出兵朝鲜命令的当日，盛宣怀就以中国电报总局督办的名义，电告各分局：日本已开战，不准再为日商拍发密码电报，否则必将严惩。

朝鲜局势日趋紧张后，调兵遣将、筹备军饷、通报军情等，全依赖电报的传递，盛宣怀在给各省督抚的电报中指出："现值倭事紧急，朝廷区画，疆帅征调，全资电报，以期迅速"，必须保证线路的畅通，"若稍有阻滞，恐误大局"；请各省督抚除派人巡查维修外，还要"密饬沿线路各营、县，责成地方董保，各按地界认真保护"，以免"奸细破坏电杆，断我消息"。当他得知汉城的电报线已有两日不通后，立即给负有责任的朝鲜局总办李毓森和平壤局委员王锡祉以记大过的处分，并责成他们火速修好。他强调："中韩电线，正在紧要，韩人看线恐无用"，要求"速添中国弁役，逐股分责梭巡，必须实有其人，勿托空言，尤须严防倭人暗损"；并指出："如事毕电不阻滞必优保，如阻断贻误军机必参革"，以严明的奖惩激励管理人员认真保护电报线路。

随着清军在战场上的失利，线路保护变得更加困难。日军包围平壤，切断了平壤与外界的联系，朝鲜境内其他地方的线路也屡遭破坏。当义州电报不通时，盛宣怀立即发电致边门和九连城的官员，要求"查明义州电线何故阻断，是否有奸细破坏"，并组织人员抓紧修复。

平壤失陷后，叶志超带兵败退中国境内。这样，朝鲜的电报通信基本结束，逃回来的电报局官员、学生和工头等，按盛宣怀安排，带着机器设备，"迅速驰赴辽阳州设立电报分局"。至此，盛宣怀苦心经营的朝鲜境内的电报系统，随着清军溃败而落入日本手中。

黄海战事发生后，威海方面的电报线成为通信的主角。身处威海要冲潍县局的官员刘炳勋因年迈经常不上班，导致"潍境线断，傅相大怒"，而"海军已开仗，正须威海调度"，于是盛宣怀以贻误军机将"刘炳勋记大过，摘去顶戴，限日修好"，并选派有能力、有责任心的官员去接办潍县局务，从而保证了该线的畅通。

根据战事需要，为从南方各省调兵遣将、筹集军饷，盛宣怀给天津至扬州的各电报局发电，严令各局增加巡查士兵，并强调："如果稍有阻断，贻误军机，获罪不仅撤委；如能始终不误，事竣必当从优保奖。"在总局的督察下，南方各省的电报线路基本保持畅通，保证了清军的后勤供应。

甲午战争中，李鸿章要求："各军相隔较远，应设行营电线，以通声息，沿海各要口，凭高瞭远，应设德律风（电话）电线，以通敌情。"清军败退到中国境内后，东北通信压力增大，为保证前线军报迅速传递，盛宣怀在"榆关、锦州、辽阳、边门分设四局"，从各地抽调业务能力强的官员到各局担任局办。

因大量军报需要传递，架设行营电报线成为一项繁重而紧迫的任务，特别是在辽东战役期间。在日军尚未过鸭绿江时，应时任黑龙江统领依克唐阿将军的请求，架设了九连城至长甸的线路。盛宣怀判断："各军退至凤城，必守不住"，如果清军继续败退，"该电局难自存"。为了便于各军通报军情，他准备在离凤凰城百里处设一报房，但"凤城电局吴鸣鹏委员已逃走，退后设局，恐做不到"。于是，盛宣怀决定在地势险要的摩天岭设立报房，可以"先将辽电局移至摩天岭，以便各军通报"。在缺乏机器、人手的情况下，摩天岭报局克服各种困难，开通发报，保证了军情的传递。在整个辽东战役中，九连城、凤凰城、摩天岭、新民等电报局（房）先后设立，基本上做到战争前线在哪里，电报线就架到哪里；前线统领进退到何方，电报分局就转移到何方。①

尽管甲午战争以清军惨败而告终，但不能否认，中国电报局在战争中尽到了应尽的责任，至少由于通信的畅通，使清军的损失得以减少。

九　因电报之事再次受到参劾

1882 年 9 月，盛宣怀曾因挪用金州矿局股金解决电报线路建设急需的资金问题受到弹劾，后因左宗棠出面说情，才被降职留用。

中日《马关条约》签订之后，李鸿章作为清廷的替罪羊，被从直隶总督、北洋大臣的位置上调离，王文韶继任。盛宣怀因病多次向王文韶提出辞职，王始终没有同意他的请求，并且同李鸿章一样十分器重他，盛宣怀只能带病继续工作。

就在此时，盛宣怀却因电报之事又一次受到参劾。参劾的罪名为"招权纳贿，任意妄为"，"总办电报，害则归公，利则归

① 李强：《盛宣怀与甲午战争中的电报通讯保障》，《兰台世界》2011 年第 28 期。

己，克扣军饷，搜罗股票"，等等。为此，清廷命王文韶确查禀复，并让王推荐合适人选取代盛宣怀的电报总局督办之职。

王文韶经过认真的查询，向清廷表明电报总局督办一职非盛宣怀莫属，并向清廷奏明盛宣怀办理电报总局之功："臣查中国电报之设，始于光绪六年，一切章程皆盛手定。现在除湖南一省外，西则新疆，北则三省，业已处处通行。其事务之纷繁，用人之繁夥，非有精心贯注其间，未易秩然就理。……臣维泰西各国由商而富，由富而强，中国仿而行之，二十年来惟电报、招商两局成效已著，而一手经营，虽履经波折，而卒底于成者，盛也。……臣亦岂敢谓盛之外，竟无一人堪以胜任者，惟或则历练未深，或则声望未著，急切求之，实难其选。盖盛具兼人之才，而于商务洋务，则苦心研究，历试诸艰者已逾二十年，设以二十年前之盛处此，臣也未敢保其必能接手也"①。

这次参劾不仅没有达到某些人的目的，盛宣怀办实业的声望反而越来越高。甲午战败之后，清廷提出"当此创巨痛深之日，正我群臣卧薪尝胆之时"，并提出救亡图存的六项"力行实政"。清政府越来越要依靠盛宣怀这样的人才了。

事实上，若干年后盛宣怀对当初办电报之艰难及其中的酸甜苦辣，有过真实的回忆，他写道："创行之始，人皆视为畏途，即身任其事者，成败利钝亦绝无把握，若非不辞劳怨，不避疑谤，惨淡经营，焉有今日！成既如此之难，守益不能不尽其力。……统计电报商线纵横数万里，设局百数十处，均属商款商办，即有借用官项者，业经陆续清还，有案可考。逐年所收报费，只通商口岸及省会之区能有盈余，凡偏僻处所亏折者多，全

---

① 王文韶：《查复盛宣怀参案折》（光绪二十一年），盛档。

赖挹注之法。查股利一项，第一届未能分派毫厘，第二届至第十二届仅派五厘、七厘不等，十三届起始得照派一分。他人视为绝大利薮，实则千百商股铢铢寸寸之微也"[①]。

成既如此之难，败则更不容予以表白，这就是盛宣怀当年办实业所处的客观社会环境，官场比民间不知险恶多少倍。如果没有"不辞劳怨，不避疑谤，惨淡经营"的思想准备，是很难坚持下来，很难取得成功的。

问题是官场上的参劾，往往是选择在有利敌国、损害国人的关键时机。事实上甲午战争时期，盛宣怀为了保障军兵、军饷、枪支弹药的运输，保障北洋海军、军机处的指令畅通无阻地传达给入境朝鲜的前方部队，为轮船、电报两局正常运转，日夜操劳，经常抱病工作，最后不得不请假卧床。特别是在平壤一战中，盛宣怀的五弟盛星怀在军队撤退时，不幸中弹牺牲，盛为之悲痛欲绝，却还有人在暗中算计他。也许是有些人乘着李鸿章代表清廷签订了《马关条约》，从直隶总督、北洋大臣的位置上被调离之机，也想捎上盛宣怀。足见当时官场之险恶、办实业之艰险。

十　甲午战败后电局与日本的争斗

为达到侵犯中国的目的，日本非常重视情报工作，1894 年中日交战前，日本即把中国电报局视为其首要刺探的目标，"高升号"事件即是日本间谍买通天津电报局的电报生，探得轮船的启程日期。此外，日本还破译了清政府的密电码。为保证军事机密不被泄露，电报局调整了明密码传报规则，规定一、二、三、四

---

① 盛宣怀：《电线设立情形》（光绪二十八年），盛档。

各等有印官报，以及出洋各钦差及各局督办有印要公，可以用密码代发，并均需留底备查；其余电报一概用明码发递，"且无关军情者方许收发，否则退还"。此举在一定程度上维护了国防信息的安全。

甲午战争期间，中国山东、福建等地的电报线遭受严重损坏，日军趁机在中国领土上自行拉设电线，如在奉天以南自行建造了电线。1895 年 12 月，日军以归还此段电线为条件，要求清政府即速修理烟台至威海卫电线，以便在威的日军使用。烟台至威海电线为官线，是年夏，日领事即提出要在此两地间自行再设一条电线，电报局总办佘昌宇奉李鸿章命，以"和约虽定，海军未复，尚无官报往来"为由，拒绝了日使的要求。为保证烟台至威海电报线不被日本侵夺，清政府将此线交由中国电报局接修管理，这样就改变了烟台至威海电线军用的性质，使其成为一条商线，在一定程度上抵制了日本对此线的侵夺。

1895 年 4 月，中日签订《马关条约》，中国割让台湾及其附属岛屿、澎湖列岛给日本，但对中国台湾电报线的归属并未做出明确的规定。日本处心积虑地要获得闽台电报线的控制权。闽台电报线几经周折，由原先的官线转为商线性质。中日甲午战争后，日本竟想将闽台海线分解成若干段，以便其分段索要。总理衙门推说福建至台湾水线已属商线性质，让日使与电报局商谈。但日本对总理衙门的解释并不满意，指称在签约之日，总理衙门允将台湾境内以及安平至澎湖水陆之线让与日本，并认为台湾至福州电线原由清政府出资而设，应归中国政府管理。按日本人的逻辑，既然此线属于清政府所有，则应该作为战败的政府赔偿给予日本。

1895 年 10 月 14 日，福州至台湾水线因故中断。10 月 17 日，日使公然向总理衙门提出，由日本租借大北公司轮船修理淡水至福州电线，要求福州地方官提供方便。中日交接台湾凭单内规定：台湾至福建海线应如何办理之处，俟两国政府随后商定。当时淡水至福州电线如何办理两国并未妥商，日本就急于修理，总理衙门只好问计于津海关道：应该如何接修？两国电局日后怎样处理此类事项？

在日本向总理衙门发出照会之前，盛宣怀于 10 月 16 日致电总理衙门，密陈闽台海线归属中国办法：用此线已售与电报局为由，由电报局出面争论。就在中国拟备飞捷轮赴福州修理断线之际，大北公司表示两日内即派修水线船前往修理，"意在不认我为物主"。盛宣怀又于 10 月 16 日致电总理衙门，谓"前电可勿议"，表现出对大北公司的让步。

盛宣怀认为："现在争修电线，即为将来收回关键"。于是立即电告日本电线督办，称中国即将派船前去修理。但日本已经捷足先登，将水线修好，并于 10 月 18 日通报。因台湾修理水线飞捷轮船归福州经营，电报局未能及时调动，故延误了时机，让日本抢了先头。此次日本的强修行动，明目张胆地显示出其夺取闽台海线的意图。

为防后患，1895 年 10 月 22 日，盛宣怀拟定福州至台北、安平至澎湖海线应议办法：（1）海线系中国物产，于交台与日本条约内并无水线并交字样，查条约第二款仅载交与堡垒、军器工厂及一切属公对象，至水线原设在海中，应不在内。（2）中国与日本商订章程，可特指明此水线仍系中国物业，仍需中国修理。（3）此海线在福州一端应归中国福州电局经理，在台北一端归日本管理。（4）报费应订明中国每字可收二法郎克，合英洋五角。（5）过线费援照中国与俄、英、法等国成案办理。（6）安平至澎湖马宫海线不在两国和约之内，如日本欲将此海线留作自用，应当偿还中国所花费用。[①]

日使果然向总理衙门提出，闽台海线为台抚拨款所设，应归日本。盛宣怀认为此时中国电报商董无力筹措资金支付日本三次修理海线的花费，且难以阻止日本自己建造新海线，不如将闽台海线出售，以支付张恰电线的用项。1898 年 12 月，清政府将淡水海线卖与日本，得银 7 万两，合 10 万元。盛宣怀采取以退为进的策略，尽可能保全了中国的利益。[②]

① 中研院近代史研究所编《海防档·丁·电线（五）》，第 1586～1587 页。
② 韩晶：《晚清中国电报局研究》，第 126～128 页。

第六章　轮、电二局与北洋、南洋

一　中国欲变法图强，须尽快培养人才

甲午战争后，日本胁迫清政府于 1895 年 4 月签订《马关条约》，除割地赔款外，还规定开放沙市、重庆、苏州、杭州为通商口岸，日船可沿长江、吴淞江及运河驶入上述港口搭客载货。西方列强除了在原已开放的港口（广州、福州、厦门、宁波、上海、营口、烟台、汕头、海口、镇江等）享有"应得之优例及利益"外，在新开港口也一律享受。1896 年，《中日通商行船条约》签订，列强在中国攫取了更为广泛的航运特权。从此，更多外国的轮船在中国的领海和内河航行，侵占中国的航运利益，招商局的航运业务受到严重的冲击。

在痛定思痛之后，盛宣怀意识到中国必须通过变法图强。1895 年 5 月 5 日，盛宣怀禀李鸿章："和议已定，社稷乂安，浮议只可置之不问，中国必须乘时变法，发愤自强，除吏政、礼政、刑政暂不更动外，户政、兵政、工政必须变法。'其转移之柄在皇上，而开诚布公集思广益之论，微我中堂谁能发之'。"①

---

① 夏东元：《盛宣怀传》，第 499 页。

　　盛宣怀对他在甲午战败之前将近 25 年创办实业的经历做了认真的总结与回顾。25 年中他先后涉足轮船、电报、矿务、纺织等关系到国民经济命脉的大型实业，当时他想通过加快发展实业，使国力逐步强盛。他走的是一条"实业强国"之路。甲午战败，使他开始清醒地认识到，中国社会的变革不能仅仅停留在经济领域，中国要走上自强之路，仅仅依靠实业的发展、科学技术的进步是不够的，还必须有政治上和法律上的进步。

　　1895 年，盛宣怀读了郑观应所著的《盛世危言》，思想上十分受震动。4 月 8 日，他致函郑观应，感谢郑所赠《盛世危言》四部，说："乞再寄赠二十部，拟分送都中大老以醒耳目"，最后该书触动了光绪皇帝。6 月 7 日，盛宣怀又致书郑观应，告以"《盛世危言》一书蒙皇上饬总署刷印二千部，分送臣工阅看"①。

　　当年 5 月 2 日，以康有为为首的应试举人上书皇帝，要求变法，是为"公车上书"。变法的思想进一步触动了盛宣怀，他认为中国要变法维新，必须有一大批新型的人才。

　　他清醒地认识到，"自强首在储才，储才必先兴学"，中国必须抓紧培养人才。于是，他开始考虑摒弃科举选才的办法，通过创办新式学堂来培养真正能担当国家大任的人才。

　　他深刻地指出长期以来清政府科举选才的弊端，"中国智能之士，何地蔑有，但选将才于侪人广众之中，拔使才于诗文帖括之内。至于制造工艺皆取材于不通文理不解测算之匠徒，而欲与各国絜长较短，断乎不能"。②

----

① 夏东元：《盛宣怀传》，第 500 页。
② 盛宣怀：《请设学堂片》（光绪二十二年九月），盛档。

盛宣怀客观地比较了中日之间的差距，进一步认识到人才的重要性。其见解是他从近 25 年创办各项实业，经历不断失败与成功的过程中总结出来的；是他通过与洋人打交道，经过分析比较而得出的；也是他在官场上进行观察，从与各方人士接触交流当中所悟出的。

1895 年 9 月 10 日，盛宣怀禀直隶总督兼北洋大臣王文韶说："伏查自强之道，以作育人才为本。求才之道，尤宜以设立学堂为先。……况树人如树木，学堂迟设一年，则人才迟出一年，日本维新以来，援照西法，广开学堂书院，不特陆军海军将弁取材于学堂，即今天之外部出外诸员，亦皆取材律例科矣。制造枪炮、开矿造路诸工，亦皆取材于机器工程科、地学化学科矣。仅十余年，灿然大备"①，并附上学堂章程及学堂所学功课、办学经费来源等。

王文韶于同年 9 月 22 日批示说："所拟章程功课，均甚妥协。……责成该道会商。妥为布置，即于年内开办。"② 这年 10 月 2 日，王文韶就盛宣怀要求设立新式学堂一事禀奏光绪皇帝，光绪皇帝御笔钦准成立天津北洋西学学堂，即天津北洋大学堂，亦称北洋公学（现天津大学前身）。

二　为培养人才率先创办北洋大学堂

1894 年中日甲午战争成为"中国近代民族觉醒的新起点"，举国上下救国图强的声音高涨。一批有识之士认为，中国衰弱的

---

① 夏东元编著《盛宣怀年谱长编》（上），第 490~491 页。

② 夏东元编著《盛宣怀年谱长编》（上），第 497 页。

根本原因在于教育落后，救国之道应从改良教育入手。长期从事实业的盛宣怀从实践中感悟到，培养高级人才和兴办新式教育是急需解决的重要问题，他提出"实业与人才相表里，非此不足以致富强"，"自强首在储才，储才必先兴学"。办新事业必须要有与其相适应的新式人才，否则将一事无成。盛宣怀认为新式人才必须立足于自己培养，聘用洋人只能是暂时的、短期的。为此，他与当时在天津自办中西书院的美国教育家丁家立研讨办学之事，并着手筹办新式学堂。

1895 年，盛宣怀将《拟设天津中西学堂章程禀》上奏光绪皇帝，提出"教育救国"的主张。1895 年 10 月 2 日，经光绪皇帝御笔钦准，北洋大学堂在天津正式成立，盛宣怀任督办（校长）。这是由中国政府批准并出资创建的我国第一所国立大学。创办北洋大学堂是盛宣怀在天津海关道任上所办的在中国历史上影响最深远的一件大事。

北洋大学堂是按照盛宣怀规划的章程建设的。学堂初建时，设头等 4 个班（即大学本科 4 个班）、二等 4 个班（即大学预科 4 个班），每班 30 人，共 240 人。学生除学语言文字外，主要学习理工方面的基础知识，如算术、地理、逻辑、物理、化学、机器制造和采矿等，这是公共课。头等学堂设专门学（即科系）四门：工程学、矿务学、机器学、律例学，在学习公共课之外，另选其中 30 名优秀者，专修律例、矿务和制造等。1897 年，北洋铁路学堂合并入北洋大学堂。上述学门皆为当时中国社会所急需，体现了北洋大学堂"兴学救国"的创办宗旨。

盛宣怀突破"中体西用"的束缚，提出新建学堂"参用西制，兴学树人"的宗旨，促使地方和中央政府摒除陋见，毅然创建"全新"的西式学堂。

在教学内容上，北洋大学堂主要参考京师同文馆的课程计划。盛宣怀为北洋大学堂设计的课程如下："第一年，几何学，三角勾股学，格物学，笔绘图，各国史鉴，作英文论，翻译英文；第二年，驾驶并量地法重学，微分学，格物学，化学，笔绘图并机器绘图，作英文论，翻译英文；第三年，天文工程初学，化学，花草学，笔绘图并机器绘图，作英文论，翻译英文；第四年，金石学，地学，禽兽学，万国公法，理财富国学，作英文论，翻译英文。"

学校非常重视基础课程与应用课程的设置和教学。盛宣怀充分意识到要培养实业、创业之有用人才，必须一改科举与旧学堂的教学内容和教学方法，适应时代前进的步伐。

盛宣怀在办北洋大学堂时，订立了两条规则：一是不许躐等，即不允许越级。他说，中国过去学西学的学生成绩不显著的原因之一，就是"学无次序，浅尝辄止"，本大学堂的学员必须做到循序而进，"不容紊乱"。必须坚持完成学业计划，不许中途他骛。二是学习专门科学技术，文字语言不过是工具。

在初创北洋大学堂时，盛宣怀请到很多外国教习任教，特别聘请美国教育家丁家立担任总教习。学校初办时的一个独特现象是，教师绝大多数是美国人，教材则是美国原版教科书，课堂上主课一律用英语授课，作业和考试亦是如此。学堂规定"汉文不做八股试帖，专做策论，以备考试实在学问经济"，一改封建教育八股取士的传统。

在招生方面，盛宣怀也花了不少心思。北洋大学堂初创时期，招生的地区主要在江浙、两广、河北及天津等地。盛宣怀起草并经光绪皇帝御笔朱批的《拟设天津中西学堂章程禀》及招生章程，除以公文形式下发到有关省份之外，还通过报纸（天津

《直报》、上海《申报》）等渠道对外宣传。由于这是中国人第一次办不同于旧式学堂的新式大学堂，此举受到绅商与各界人士的普遍关注，各地要求报名、参加应试的青年十分踊跃。1895 年，香港报名应试者就有千余人，然而，最后仅录取了十几人。学校始终以重质不重量的风气蜚声于世，对学生的选拔极为严格。

学校创办时，正值甲午战争失败，国库空虚，国家根本无力支付办学经费。北洋大学堂创建之初，既没有场地又没有资金，盛宣怀提出，天津海河西岸原有一处博文书院旧址，因为经费紧张未能开办，当时将建成的校舍抵押给了银行，为了尽早把学堂开办起来，他通过集资从银行赎回了校舍，利用博文书院原校舍开办北洋大学堂。另外，办学堂常年经费需白银五万五千两，盛宣怀就自筹经费。开办经费和常年办学经费由他所督办的中国电报局、轮船招商局以商捐的名义提供给学堂，这样基本解决了办学场地与经费的难题。

北洋大学堂从 1895 年创办起，为中国培养了大批科技人才，尤其是矿冶方面的专家。其中有 1899 年毕业，后到美国、英国、德国、法国等国攻读地质学、矿床学、地层学、古生物学的王宠佑。王宠佑民国初年到大冶铁矿任矿长，与矿山工程技术人员一起改变了大冶铁矿的管理体制，① 使矿山生产得到大发展，年产矿石由 30 多万吨提高到 60 多万吨，最多时达到 80 万吨。另一名毕业于北洋大学堂的著名矿冶专家是孙越崎，他后任国民政府资源委员会委员长，1949 年率领资源委员会全体专家起义，为新中

---

① 原汉冶萍公司在大冶铁矿实行"事工分治"管理制度，设坐办管事务，矿长管工务，互不干涉，结果造成管理混乱，影响了生产。王宠佑和工程技术人员一起向公司力陈"事工分治"的弊端，迫使公司改变"事工分治"管理制度，从此矿山只设矿长，由其管理全矿生产及一切事务。

国重工业的发展做出了巨大贡献。

北洋大学堂的建立开我国现代高等教育之先河，为"继起者规式"，足见盛宣怀的胆识与能力。

三 南洋公学问世，两校优势互补

继 1895 年在天津创办北洋大学堂之后，1896 年盛宣怀又在上海创办了南洋公学（今交通大学）。

盛宣怀创设南洋公学，着眼点是培养新型的从政人才，即懂法律、外交、政治和理财的人才，其目的是与北洋大学堂形成互补。北洋大学堂是以培养工科、法科的人才为主，而南洋公学则是以培养文、理科人才为主，兼及政法、理财方面的人才，两校优势互补。

盛宣怀上奏清廷时说："环球各国学校如林，大率形上形下道与艺兼。惟法兰西之国政学堂，专教出使、政治、理财、理藩四门。而四门之中皆可兼学商务。经世大端，博通兼综。学堂系士绅所设，然外部为其教习，国家于是取才。臣今设立南洋公学，窃取国政之义，以行达成之实。于此次钦定专科，实居内政、外交、理财三事"①。他又说："商捐经费，学资不出于一方，士籍不拘于一省。……其学生卒业给凭，与国家大学堂学生身份无异"②。

1896 年 11 月初，盛宣怀受到皇上召见，他上奏《请设学堂片》，提出"拟以上年津海关道任内所办北洋大学堂为楷模，在

---

① 盛宣怀：《筹集商捐开办南洋公学折》（光绪二十四年四月），盛档。
② 盛宣怀：《南洋公学历年办理情形折》（光绪二十八年九月），盛档。

上海筹办南洋公学，'如津学之制而损益之'进行筹办"。不过，在这份奏折中，他先要想设立的并不是南洋公学，而是达成馆。

达成馆，相当于干部学校。政府选拔"成材之士"在干部学校学习外语及关键的课程，毕业后再送到国外留学三年，回国之后，这些学生就成了总理衙门、通商口岸、驻外使馆各官职的最佳人选。办达成馆也就是要通过"速成"的办法，尽快为朝廷输送一批紧缺的人才。

盛宣怀考虑到北洋大学堂和正拟创办的南洋公学，"综厥课程，收效皆在十年之后，且诸生选自童幼，未有一命之秩，既不能变更科举，即学业有成，亦难骤膺显擢，予以要任。相需方殷，缓不济急"。也就是说，大学堂与公学培养的学生都是少年，至少还要十年左右，才可能出来任职，而现在朝廷急需人才，远水解不了近渴。因此，他请求政府批准仿效日本的办法，在京师及上海两处各设一达成馆。① 盛宣怀本来建议在北京、上海设立两所达成馆，因为京师达成馆的设立遥遥无期，上海就先行一步，达成馆与公学"相辅而行"。但是，南洋公学没有按照原定的设想去办达成馆，而是于 1897 年 3 月"考选成材之士四十名，先设师范院"，这就是中国近代史上第一所正规的师范学校。后来南洋公学的教师绝大多数是从中培养出来的。

盛宣怀办南洋公学，把师范和小学放在优先地位。他说："师范、小学，尤为学堂先务中之先务"。因此，1897 年他在招收师范生的同时，"复仿日本师范学校有附属小学之法，别选年十岁内外至十七八岁止聪颖幼童一百二十名设一外院学堂"。外院学堂就是小学堂，由师范生分班教习。接着于 1898 年开办二

---

① 盛宣怀：《愚斋存稿》卷 1，光绪二十二年九月，第 11~12 页。

等学堂（亦称中院，即中学）。待条件成熟又开设头等学堂（亦称上院，即大学）。盛宣怀说："外院之幼童荐升于中、上两院，则入室升堂，途径愈形其直捷"①。这与他办北洋大学堂的"循序而进"和"不躐等"的思想是一致的。②

盛宣怀的办学思想是很可取的。小学是学业基础的基础，师范班的学员是培养人才的人才，没有优良的小学基础和优秀的师资，学校是办不好的。

后来南洋公学的外院、中院和上院的教师，除一小部分为外籍教习外，绝大部分是师范院毕业的学员，而南洋公学中院和上院的学生，大部分也是从外院逐步递升上去的。

同办北洋大学堂一样，朝廷不可能拿出钱来办南洋公学。于是，盛宣怀决定，徐家汇"学堂基地由臣捐购"③。公学办学的常年经费由他所经营的轮、电二局岁捐十万两。其他关于学堂房舍、仪器、图书等设施，乃至派遣学员出国留学等经费，均一一筹措和储存，使公学得以顺利发展。

1899 年，盛宣怀在南洋公学办了一个"特班"，即"变通原奏速成之意，专教中西政治、文学、法律、道德诸学，以储经济特科人才之用"④。这实际就是盛宣怀原来设计的达成馆的办学模式。

盛宣怀创办的南洋公学，陆续设立了师范院、外院（附属小学）、中院（中学）、上院（大学）和特班。它是我国最早兼有师范、小学、中学、大学且教育体系较为完整的学校，它为中国近代基础教育、高等教育的发展奠定了基础。郑观应赞誉说：

①　盛宣怀：《筹集商捐开办南洋公学折》（光绪二十四年四月），盛档。

②　夏东元：《盛宣怀传》，第 282 ~ 283 页。

③　盛宣怀：《筹集商捐开办南洋公学折》（光绪二十四年四月），盛档。

④　盛宣怀：《南洋公学历年办理情形折》（光绪二十八年九月），盛档。

"此乃东半球未有之事，其非常不朽之功业也。"

甲午战败后，盛宣怀想到的是，中国要强大，首先必须培养出一大批优秀的人才，北洋、南洋两所学校，成了他在天津海关道任上最亮丽的两张名片。应该说，在中国近代教育史上，盛宣怀占有重要的地位。

四　轮、电二局积极为两校筹措经费

办北洋、南洋两所学校，在当时的情况下，最难的是校舍与日常经费的问题。盛宣怀通过集资从银行赎回了博文书院原校舍，利用该校舍开办北洋大学堂；而办南洋公学，他决定自己捐购学堂。这样，基本解决了学校的校舍问题。

此外，盛宣怀决定，北洋大学堂的常年办学经费由他所督办的轮船招商局和中国电报局以商捐的名义提供；南洋公学办学的常年经费由他所经营的轮、电二局岁捐十万两。

表6-1　晚清时期轮船招商局历年报效给政府、学校的资金情况

单位：两

年份	给学校	给北洋兵轮	给商部	用于赈灾等
1890				20000
1891				100000
1894				55200
1896	80000			
1897	80000			
1898	80000			
1899	80000	60000		
1900	80000	60000		10000
1901	80000	60000		

续表

年份	给学校	给北洋兵轮	给商部	用于赈灾等
1902	80000	60000		54800
1903	20000	60000		
1904	20000	60000	5000	25000
1905	20000	60000	5500	
1906	20000	60000	5500	20000
1907	20000	60000	5500	
1908	20000	60000	5500	
1909	20000	60000	5400	
1911				11000
合计	700000	660000	32400	296000

资料来源:《朱荫贵论招商局》,第51～52页。

从表6-1中可以看出,自1890年起至1911年止,轮船招商局总计报效了168.84万两白银,这相当于同期招商局资本总额的42%。在招商局168.84万两的报效中,给商部的仅为32400两,占总额的1.92%;用于赈灾等的为296000两,占总额的17.53%;给北洋兵轮的为660000两,占总额的39.09%;给北洋、南洋两校的为700000两,占总额的41.46%。很明显,招商局提供给学校的经费在其报效总额中所占比重最大。这仅是招商局一家提供的经费,再加上电报局提供的,北洋、南洋两校的办学经费就相当可观了。

1896年至1902年,招商局每年提供给学校的经费均为80000两;而1903年至1909年招商局每年给学校的费用仅为20000两,为原先的1/4。之所以会出现这种情况,是因为1902年之前是盛宣怀担任招商局的督办,他深知办学经费对学校的重要性,再苦不能苦学校,因而提供给学校的经费远远超过其他项目的费用。

这一时期电报局同样每年为学校提供大量的经费，"电报局 1884～1902 年报效清政府的经费数额，按低限算也有 124 万墨西哥银元"①。其中，从 1896 年起，有相当部分是提供给学校的。

据电报局保留的收报费、业务支出、拨还借款、提取公积金、对清政府的报效与捐助、当年结存等账目资料，1895 年至 1909 年的统计数据，如表 6－2 所示。

表 6－2   1895～1909 年电报局账目情况统计

单位：两

年份	收报费	业务支出	报效与捐助	结存
1895	1155825	961037	11647	2495
1896	1146671	863574	20000	3506
1897	1607602	1224152	73333	－3428
1898	1860400	1688900	168430	3070
1899	1773505	1403032	212810	9554
1900	2100000	2033300	309600	57100
1901	2352600	1953800	395000	3800
1902	2124806	1834087	202784	2650
1904	3176352	1903277	612072	1003
1905	3188575	2074058	220000	247670
1906	3371057	2426664	220000	209865
1907	3207435	2417235	132000	176464
1908	2835791	2596791		240000
1909	3807963	3165963		642000

注：①拨还借款及提取公积金两项未在表中列出。
②表中"报效与捐助"一栏的数字就包括了每年提供给学校的经费。
资料来源：韩晶《晚清中国电报局研究》，第 136～137 页。

---

① 朱荫贵：《朱荫贵论招商局》，第 54 页。

当年，盛宣怀为培养商务人才，拟于南洋公学内添办商务学堂，经费却无处可筹。于是，他就从电报局给朝廷的报效中做打算。于轮、电二局报效两成之内，又拨助天津学堂经费，轮船 2 万两，电报 2 万元。1900 年，德兵占据天津学堂，学生南逃，盛宣怀将其中头等班学生选派出洋，故天津学堂已暂无需支用经费。盛宣怀遂将原本拨助天津学堂的经费改作商务学堂的用款，"以商人报效之资为振兴商务之用，于理至顺。况商学商律实为国家当务之急，他年富强之基"。①

1902 年，盛宣怀的父亲盛康去世，袁世凯借着盛宣怀"丁忧"之际，以自己的亲信替代盛宣怀出任轮船招商局督办、电报局总办。在亲信的掌控下，招商局、电报局成了袁世凯的提款机，而为了满足自己的贪欲，他们将提供给学校的经费压到最低。轮、电二局每年提供给学校的经费大大减少。

五 北洋、南洋合理使用办学经费

北洋大学堂由光绪皇帝亲自批准成立，并由津海关道盛宣怀兼任首任督办。从投入经费上看，"头等学堂每年需经费银三万九千余两，二等学堂每年需经费一万三千余两，是以常年经费甚巨，势难广设。现拟在天津开设一处以为规式"。头等学堂章程中列出："头等学堂年经费所节省之经费，除另选二等学堂及每次考试花红外，其余积存生息，以备四年后挑选学生出洋川资经费。"②

---

① 盛宣怀：《愚斋存稿》卷 6《奏跋六》，第 22 页。
② 盛宣怀：《拟设天津中西学堂章程禀》（光绪二十一年秋），盛档。

1900 年秋，八国联军攻占天津，北洋大学堂被德军强占为兵营，学堂被迫停办。

1901 年，盛宣怀用南洋公学经费送北洋大学堂第一批学生赴美留学。这是中国首批出国留学的大学生，为中国高等学校留学教育之始。学堂教习丁家立兼任"留美学堂监督"，他亲自带领北洋大学堂第一批 8 名毕业生赴美留学。这 8 名毕业生是：陈锦涛、王宠惠、张又巡、王宠佑、严一、胡栋朝、陆耀廷、吴桂龄。他们在美分别取得了硕士或博士学位。①

南洋公学的常设费用来自盛宣怀管辖的招商局、电报局的商务捐款。总款项由招商局每年拨规银 6 万两，电报局每年拨规银 4 万两，从 1897 年 2 月开始付给，银款存放在华盛机器纺织厂，按长年 6 厘生息，每年收取利息规银数千两。可见，南洋公学在初建时经费是很宽裕的。1901 年，北洋大学堂停办后，为了选派学生赴美留学，"招商局每年添拨洋银 2 万元，以备游学经费"。这批北洋留学生的经费由南洋公学兼筹管理，由公学"附列报销"。

从 1897 年至 1903 年公学的账目来看，总计支出规银 581518.654 两，尚存规银 729122.057 两。其中，支出包括购买地皮、建筑校舍经费近 20 万两；购买仪器设备、化学试验用品、图书经费 1 万余两；支付薪水 156351.294 两；支付留学生费规银 56246.77 两；付译书院和东文学堂经费规银 44469.139 两；其他各种事项。从这些数字可以看出，公学初建时主要经费都用在购买地皮、建筑校舍上。其 1898 年至 1906 年各项建筑费开支情况见表 6 - 3。

---

① 王杰：《北洋大学堂与中国近代高等教育的缘起》，《高教探索》2008 年第 6 期。

表 6 - 3 1898~1906 年南洋公学各项建筑费开支情况

单位：两

年份	事项	支付规银
1898	购徐家汇地 120 亩	8785.445
1899	建中院购地面积 21000 方尺	49926.2
	建监院住宿房	6073.83
	建洋教习住房二所	8060.0
1900	建上院购地面积 26000 方尺	82908.0
	建总理公馆	5543.0
	建门房	120.0
1906	建小学校舍一座	数字不详

资料来源：《交通大学校史》，上海教育出版社，1986，第 10 页。

南洋公学教习的待遇是优厚的。从公学薪水、膏火账目上看，1897 年初建时，支付总理、监院、总教习、教习及各司事等的薪金，全年为 7655.5 两，平均每月支付约 640 两。1898 年后，每年即达 17777 两之多，平均每月支付约 1480 两；到了 1902 年，达到每月支付 2368 两之多。洋员的薪水和中国教习的薪水差距很大，如福开森每月工资为 350 两银子，公学总理何嗣焜每月工资为 100 两银子，杂役最低。

此外，公学对任教多年的教习还给予出国进修的机会，对工作辛劳且任职时间较长的教师进行表彰，如 1905 年，奖励了在本校任职 5~8 年的教师张美翊、张天爵、陈伯涵、陈懋治等。同时，按清廷外务部规定，还奖励在公学任教的外国教员福开森二等"宝星奖"，薛来西、勒芬尔、乐提摩三等第一"宝星奖"。这些举措颇受公学同人的欢迎，促进了公学教学质量的提高。盛宣怀在上奏清廷时，自豪地称公学培养的学生在"国内外享有声誉"。[①]

————————

① 《交通大学校史》，上海教育出版社，1986，第 10~12 页。

六 帮助唐文治解决经费拮据难题

1903 年，直隶总督兼北洋大臣袁世凯从盛宣怀手里夺去了管理轮船招商局、电报局和部分铁路的权力。1904 年，商部尚书戴振函令公学办理移交。次年 2 月，盛宣怀辞去南洋公学督办职务，宣告他在该校任职的结束。

盛宣怀于 1896 年至 1905 年担任南洋公学督办，唐文治则于 1907 年至 1920 年担任交通大学校长，从盛宣怀和唐文治掌校的时间上看，他们两人似乎没有什么交集，从有关的著述中也鲜见两人在交大办学方面有交往的记载。然而上海图书馆所藏盛宣怀档案中却保存着两人之间百余封未刊信函，时间跨度从 1905 年至 1915 年长达 10 年之久，涉及内容也相当广泛，包括赈灾、勘矿、交通大学、私人交往等。

这些信函反映出唐文治对盛宣怀办实业、办学校十分认同。1906 年，唐文治任职商部，管辖路、矿、电诸事务，两人当时已有交往。唐文治曾评价："汉厂、萍矿为中国制造之命脉，台端频年组织，艰苦卓绝，刻已规模大备，立定根柢。"盛宣怀对唐文治的支持也给予肯定，称"唐蔚翁于敝处尤极关切"。唐文治对盛宣怀创办的南洋公学更是赞赏有加，称其"造就实业人才不遗余力"。

1902 年以后，招商局与电报局被袁世凯接管，南洋公学的办学经费日渐紧张。到了 1904 年学校开学时，已开始酌收新生膳费。以后越来越困难，到唐文治上任后，经费更为拮据，有一段时间，唐文治带头领半薪，教师的薪金收入也受到影响。盛宣怀得知后，积极协助唐文治解决办学经费短缺困难。1907 年底，唐文治担任上海高等实业学堂（交通大学时名）监督，遇到的最大问题仍是经费短缺。上海高等实业学堂属于邮传部管辖，学校经费主要来自邮传部管辖的轮船招商局和电报局每年 10 万两的支持，以及以学校名义购买的股票生息和存款利息。随着学生人数增加，学校建设费以及教职员工开支日渐增多，原定的 10 万两早已不敷使用。1908 年，学校在整理旧案卷时发现有汉阳铁厂股票和德律风股票若干，已多年未领息。然而因为管辖部门及户名变动等原因，这些股息迟迟不能领取，最后经过盛宣怀的斡旋，终于使学校取回了这些经费。1911 年，盛宣怀升任邮传部尚书，他又以实际行动支持唐文治，不仅增加学校预算，还将自己的私产赠予学校建筑校舍。盛宣怀利用他担任邮传部尚书之便，在唐文治的支持与配合下，派留学生出国学电机、矿务等专业，为实业充实人才。

虽然身为唐文治的上司，又帮助学校解决了经费短缺的困难，但是盛宣怀从不干预唐文治办学。由于学校办学严谨，教风、学风名声大震，文人商宦子弟都欲入校或转学就读。盛氏家族及盛宣怀的朋友郑观应、刘芬等的子弟都希望通过盛宣怀的关系挤进学校。唐文治既讲原则，又适当灵活掌握。他对入学或转学的学生在基础上有严格要求："所试各科视英文、算学之程度如何以定去取，而中文尤为注重。"盛宣怀的侄孙曾在徐汇公学读书，欲转入附设中学校就读，但因其英文程度不及，根柢尚浅，唐文治建议其先入小学就读，然后再入中学为宜。刘芬的儿子刘志煜考试时国文科目表现欠佳，没有达到唐文治的要求。唐文治给盛宣怀复函："查敝校学生已多，每班积至六七十名，校舍不敷，几无容榻之地。为刘世兄计，请先入上海南洋中学修业，俟敝校招考有期，再行复试。"刘芬得知结果后非常失望，但仍礼仪性地致函盛宣怀，以示感谢。①

　　盛宣怀与唐文治因交通大学诸事而交往密切，两人的私人感情不断加深，交往范围也不断扩大，形成了一种良好的社交关系。这种关系无疑对交通大学的早期发展有着极为重要的推动作用。

---

① 吕成冬：《从盛宣怀档案中盛宣怀与唐文治信函看盛唐关系（1907～1914）》，《常州工学院学报》（社会科学版）2010 年第 6 期。

第七章 轮、电二局与银行、铁厂、铁路

一 朝廷要盛宣怀担当修建铁路的大任

中日甲午战争结束后，1895 年 7 月 19 日，即《马关条约》签订后的第 94 天，光绪皇帝发出一道谕旨，宣称"当此创巨痛深之日，正我群臣卧薪尝胆之时"，"况当国事艰难，尤应上下一心，图自强而弥祸患"；并提出救亡图存的六项"力行实政"，修铁路被列为首项。

为落实清廷把修建铁路置于救亡图存六项"力行实政"首位的谕旨，张之洞响应说："方今时势日急，外患凭陵，日增月盛，富强之计，首以铁路为第一要图"①。1895 年冬，廷旨以卢汉铁路工程亟当举办，命直、鄂二督王文韶、张之洞会筹，二人酝酿认为盛宣怀堪胜此任。

朝野上下欲"图自强而弥祸患"的声音愈来愈高，而盛宣怀创办实业所取得的成绩，使他的声望越来越高。盛宣怀已经感觉到，实业发展的新机遇即将到来，也感知到朝廷将有更大的责任要让他来担当，使得他对"广制造，兴矿政"，大力发展新兴的

---

① 张之洞：《铁厂煤矿招商承办截止用款片》（光绪二十一年八月二十八日）。

工商实业有了更高、更长远的期许。

1896年9月2日，张之洞向清廷推荐由盛宣怀督办铁路最为适当。因盛兼商业、官法、洋务三者之长。当月，上谕："王文韶、张之洞会奏请设铁路总公司，并保盛宣怀督办一折，直隶津海关道盛宣怀着即饬令来京，以备咨询。"盛宣怀随即遵旨入都。

10月19日，光绪帝召见盛宣怀，谈修筑铁路、练兵、理财、育才等事，盛敷陈大指，光绪帝倾听动容，说诸臣皆不知之，患在因循耳。

10月20日，盛宣怀奉命：直隶津海关道开缺，以四品京堂候补督办铁路总公司事务，并被授予专折奏事特权。

11月1日，盛宣怀获得专折奏事权之后，上的第一个奏折是《条陈自强大计折》，陈练兵、理财、育才三大政，及开银行、设达成馆诸端。

盛宣怀在该奏折中说："泰西诸邦，用举国之才智，以兴农、商、工艺之利，即借举国之商力，以养水陆之兵，保农工之业。盖国非兵不强，必有精兵然后可以应征调，则宜练兵；兵非饷曷练，必兴商务然后可以扩利源，则宜理财；兵与财不得其人，虽日言练，日言理，而终无可用之兵、可恃之财，则宜育才。"他将练兵、理财、育才三者有机地联系起来，作为治国的要务。

盛宣怀在奏折中历数绿营和湘、淮军练兵的弊端，指出"自甘废弛，军制愈纷，饷力愈绌，兵气愈弱"。他提议"举绿营勇营悉去之"的淘汰法，"参酌西法，简练新兵三十万"，"选户籍可稽，未经犯罪，年在二十以上二十五以下，体质身干合格者录为常备兵，入营教练，期以三年退为预备兵，亦期三年退为后备兵，亦期三年退为民兵，期以五年除其兵籍"。他认为常备、预备、后备相结合的兵役法好处很多，"兵皆土著，游惰不录，其利一；更递进退，室家可归，其利二；事至征召，人皆练习，其利三；事毕归农，不流为匪，其利四"。新练的军队应该是"各镇营制饷章，统归一律；各营枪炮器械，统归一式"。

强兵必须以雄厚的财富为后盾，盛宣怀认为："理财有二义，开源节流尽之矣"。"开源"即"广制造，兴矿政"，大力发展新兴的工商实业；开源的同时必须节流，"节流"首在塞漏卮，即与洋商争利。他说："欲求足国，先无病民；欲收商利，在挽外溢"，为此，必须免厘加税，即"径免天下中途厘金，加关税值百抽十"，"免厘则出口土货易于流通，加税则进口洋货或渐减少。取益防损，利在无形。所谓足国而不病民，且阴以挽外溢之利者，此也"。盛宣怀的"足国而不病民"的思想，实际有"藏富于民"的想法，他认为只有加快发展经济，才能使国家强盛。

发展实业，必须有充足的资本，否则开源节流就是一句空话。资本，主要不能靠借外债，而应在国内开发财源，这就必须办中国人自己的银行。银行有"聚举国之财为通商惠工之本"的枢纽作用，它不仅可以集腋成裘，变外债为国债，"不受重息之挟制，不吃镑价之亏折"，且能自行铸币，赶走洋钱，成为与洋商争斗的重要手段。

强兵也好，理财也好，都必须有与之相适应的人才，否则将一事无成。为此，盛宣怀将培养新式人才置于首位。他建议中国各省除设一所武备学堂外，应设立一所综合性的学堂，"教以天算、舆地、格致、制造、汽机、矿冶诸学"。

盛宣怀认为练兵、理财、育才三大政，必须抓紧办，否则"年复一年，外人眈眈视我，一无足恃，肆彼要求，得步进步。无兵则不能保守利权，无饷则不能充养兵力，二者互为掣肘，甚至洋债不能再借，边土不能自保，至其时，始悔七年之病，不蓄三年之艾，殆已晚矣"。①

盛宣怀很清楚，要落实练兵、理财、育才三大政，最紧要的任务是筹划好朝廷所指派的南北铁路建设这件大事，这是关系强军强国的大政。

二　张之洞要盛宣怀接办汉阳铁厂

朝廷刚传出要盛宣怀担当修建卢汉铁路大任的消息不久，盛宣怀又得到张之洞要他承办汉阳铁厂的电讯。1896 年 2 月 23 日，张之洞有意要盛承办铁厂，盛电告张之左右手恽莘耘表示："愿承办铁厂，拟于下月送李鸿章出洋后，到鄂勘议。如张之洞意定，必当竭力为国家筹计远大，决不存丝毫私见"。3 月，刘坤一招盛赴江宁，商议新政条陈。随后张之洞约其往湖北，商议铁路、铁厂等事。后奏准由盛宣怀接办湖北汉阳铁厂，任铁路总公司督办。

早在广东任职时，张之洞就有创办铁厂的设想。1889 年，随着被任命为湖广总督，他寄希望于自己创办铁厂的想法在湖北实现。当年 12 月，张之洞赴湖北上任的途中，在上海约见了盛宣怀，商谈关于办铁厂之事。但是在办铁厂的问题上，盛宣怀主张"商股商办"，张之洞不能接受。张之所以反对商办而坚持官办，可能是考虑，如果采取"商股商办"，将来铁厂办成之后，自己可能无法完全加以掌控。

---

① 盛宣怀：《条陈自强大计折》（光绪二十二年九月二十六日），盛档；夏东元：《盛宣怀传》，第 204 ~ 207 页。

1890 年，张之洞创办的铁厂在湖北龟山脚下正式动工兴建，铁厂正式定名为"汉阳铁厂"。经过三年的努力，1893 年 9 月，汉阳铁厂正式建成投产。全厂包括生铁厂、贝色麻钢厂、西门士钢厂、钢轨厂、铁货厂、熟铁厂等六个大厂和机器厂、铸铁厂、打铁厂、造鱼片钩钉厂等四个小厂。汉阳铁厂创办时，经费预定为 246 万余两，1892 年清政府增拨 42 万两，到建成时，实际支出 560 万两左右。

盛宣怀虽与张之洞的意见不同，而没有参与汉阳铁厂的筹建工作，但还是一直关注着它的进展情况，不断通过一些人向他通报了解情况，并做了一旦铁厂办不下去他去接办的思想准备。

1893 年春，郑观应函告盛宣怀：张之洞"又奏扩拨七十万，仍恐不敷，势要招商承办"，建议盛宣怀"如欲接办"，"宜先寻有好煤矿，可炼焦炭，将化铁炉移于大冶铁矿山左右，可省运费，焦炭价廉方可获利"[①]。可见当时盛宣怀、郑观应对承办汉阳铁厂，已经有较充分的酝酿。可是，上海机器织布局的一场大火，打乱了盛宣怀原先的计划。

汉阳铁厂的厂房设备建成了，但是钢材的产量、质量上不去，最关键的是没有合适的煤源支持其长远发展，坚持"官本官办"模式的张之洞被搞得"心力交困"。甲午战败后，国库空虚，铁厂的资金无以为继，于是，张之洞打算交"棒"，洋商蠢蠢欲动，朝廷不少官员建议招南洋商人接办。盛宣怀则态度鲜明地表示："铁政属洋商，力大，流弊亦远；属华商，力小，收效亦远"。表示愿意亲自到湖北"通筹决策……熟商办法"[②]。

---

① 郑观应：《致招商局盛督办书》（光绪十九年二月），盛档。
② 盛宣怀：《寄江宁恽莘耘观察》（光绪二十二年正月初六日），盛档。

当张之洞下决心请盛宣怀接办汉阳铁厂后，盛表示必尽力而为，会尽快赶赴湖北，并提出自己接办汉阳铁厂后的初步设想，即钢铁必须大办，炼炉必须推广，"而推广炼炉非另筹佳煤无可为力"，准备"调开平矿师偕来细勘煤矿"，优先要解决煤炭的问题。①

盛宣怀在叙述做这一决定的过程时，说："铁政不得法，徒糜费，几为洋人得。右铭、松云讽阻，乃属意宣，督饬华商接办，重整旗鼓"。盛宣怀接到这根"棒"，还是费了不少周折的。

1896 年 5 月 14 日，张之洞正式发出委任盛宣怀为汉阳铁厂"督办"的公文，公文中说："盛道才猷宏达，综合精详，于中国商务工程制造各事宜，均极熟习，经理商局多年，著有成效。因该道从前曾有承办铁厂原议"②，自然，由盛宣怀来接办汉阳铁厂，是最合适的了。

盛宣怀从张之洞手中接过汉阳铁厂，意味着他可以按照自己"商股商办"的主张来行事了。但是，他从张之洞手中接过这根"棒"的同时，也将张之洞已用于铁厂的官款作为铁厂的债务接管了下来，铁厂"所有已用官款五百余万，责成商局承认。所出生铁，每吨提抽银壹两归还官款"③。盛宣怀一接办汉阳铁厂，身上就已背负了沉重的债务。

三 将铁厂、铁路、银行统于一手

1896 年 2 月 23 日，"张之洞有意要盛承办铁厂"，10 月 20

---

① 盛宣怀：《复鄂臬恽松云函》（光绪二十二年正月十九日），盛档。
② 张之洞：《札委盛道督办汉阳铁厂》（光绪二十二年四月初二日）。
③ 王尔敏、吴伦霓霞编《盛宣怀实业函电稿》（下），第 828 页。

日，盛宣怀又奉命"以四品京堂候补督办铁路总公司事务"。在即将要承担铁厂、铁路这两项有关国家振兴图强、国计民生的最重要的实业时，盛宣怀反复地思考：钱从哪里来？当时国库空虚，赔款累累，若向外资银行伸手，除了高利息，还附带很多其他条件。于是，他自然将铁厂、铁路、银行三者联系在一起考虑。他在给张之洞、王文韶的信中说："今因铁厂不能不办铁路，又因铁路不能不办银行"①；在另一封给张之洞的信中说："铁路之利远而薄，银行之利近而厚。华商必欲银行、铁路并举，方有把握，如银行权属洋人则路股必无成"。即希望"银行铁路应一气呵成"，将铁路、银行统于一手。②

为了说服清政府同意开办中国自己的银行，他于 1896 年 8 月起草了《开银行意见》，认为"开银行可以流通上下远近之财，振兴商务，为天下理财一大枢纽"，故欲富民必自银行始，向政府阐明银行开办后对社会、经济等各方面的作用与影响。同月，他又写就《铸银币意见》，认为铸一两重的银元可以"徐禁他国银币不准通用，实系塞漏卮之一端"。

1896 年 11 月初，盛宣怀上奏《请设银行片》，说："银行流通一国之货财，以应上下之求给，比之票号、钱庄要好。英、法、德、俄、日本之银行推行来华，'攘我大利'，近年中外士大夫亦多建开设银行之议。现又举办铁路，造端宏大，中国非急设银行，'无以通华商之气脉，杜洋商之挟持'。"③ 他在奏折中，强调了中国办自己的银行的迫切性。

---

① 盛宣怀：《寄王夔帅、张香帅》（光绪二十二年十月初八日），盛档。

② 盛宣怀：《致鄂督张香帅》（光绪二十二年六月十六日），盛档。

③ 盛宣怀：《请设银行片》（光绪二十二年九月），盛档。

11 月 12 日，光绪皇帝下诏，命盛宣怀"选择殷商，设立总董，招集股本，合力兴办，以收利权"，着手筹办银行。盛宣怀随即行动起来。

盛宣怀对银行发行钞票和资金调剂的作用有充分的认识，他看到建设铁路、接办汉阳铁厂需要招收华股和外国投资，款项数额大，必须兴办自己的银行，才能把分散的资金集中起来，不让利益流到外国人手中。所以在给清廷的奏折中，他陈述兴办银行的宗旨是："通华商之气脉，杜洋商之挟持"。中国自办银行，自然触及西方列强的利益，于是，英、俄、法、奥等国要求与中方合办，试图加以阻挠；而清政府统治集团内部的顽固派也有意刁难。盛宣怀利用各种有利条件，排除各方面的阻挠，几经波折，使通商银行得以正式筹办。

1896 年 11 月，盛宣怀筹办成立中国通商银行，通商银行名为商办，实系奉旨设立的官商性质，规定"权归总董，利归股商"。由于盛宣怀事先对开办银行已有较为成熟的考虑，在奉到上谕的十几天后，他就召集由他选定的既有经济实力又有管理近代企业经验的张振勋、叶成衷、杨廷杲、施则敬、严信厚、朱葆三、严潆、陈猷等八位殷商组成了董事会。

盛宣怀督同各总董议订章程 22 条，奏明权归总董，利归股商，用人办事，以汇丰为准，商款商办，官但保护，而不管事；并借重外才，征用客卿，聘任英人美德伦为洋大班，沪上钱业领袖陈笙郊为华大班，借以融通中外金融。

1897 年 5 月 27 日，由盛宣怀创办的中国通商银行在上海外滩 6 号（今黄浦区中山东一路 23 号）正式成立。这是中国人自办的第一家银行，也是上海最早成立的华资银行，但比第一家在上海设立的外资银行，已整整晚了 50 年。

四　轮、电二局成为通商银行最大的投资者

1897 年 1 月 21 日，盛宣怀请户部发官款 200 万两存放于新办的银行，外人知有官款在内，足以取信，可与中俄银行争衡。1 月 27 日，报告总署，银行名称公拟"中国通商银行"。

中国通商银行决定招商股 500 万两，先收一半，即 250 万两。其中，招商局集 80 万两，电报局集 20 万两；盛宣怀名下包括他本人和李鸿章等的投资达 73 万两，北洋大臣王文韶投资 5 万两，通商总董中张振勋和严信厚分别投资 10 万两和 5 万两；并商借度支部库银 100 万两，议分 5 年摊还，至 1902 年如约还清，纯留商股；其余纯粹属于各地商人投资的股份为数极少。

盛宣怀先后承担了修建卢汉铁路、承办汉阳铁厂的大任，又得到朝廷许可创办中国自己的银行，他之所以要办银行，就是为了给铁路、铁厂筹款。在当时的情况下真正能为银行注资的，只有他所掌控的轮船招商局与电报局。

表 7-1　中国通商银行股权结构

投资者	数额（库平银，两）	占比（%）
轮船招商局	800000	32.0
电报局	200000	8.0
盛宣怀、李鸿章等	730000	29.2
王文韶	50000	2.0
张振勋	100000	4.0
严信厚	50000	2.0
其他	570000	22.8
总　计	2500000	100.0

注："盛宣怀、李鸿章等"一项，有相当一部分是挂在盛宣怀名下的别人的投资。

资料来源：《中国通商银行：中国人最早创办的商业银行》，中国宁波政府网。

从表 7 - 1 中可以看出，轮船招商局投资了 80 万两，电报局投资了 20 万两，在股份中合占 40%。事实上，从招商局 1896 年至 1899 年这几年的投资情况看，1896 年投资通商银行 80 万两，1897 年投资华盛纺织总厂 32 万两，1898 年投资汉阳铁厂 10 万两，1899 年投资萍乡煤矿 10 万两。[①]

1897 年 5 月 27 日，中国通商银行上海总行开张，京城银行同年亦已开办。此后自夏徂冬，天津、汉口、广州、汕头、烟台、镇江等处分行陆续开设。自王畿以迄各通商码头，泉府机括，血脉贯通，或不尽为洋商所把持。

通商银行成立之初，清政府即授予发行银元、银两两种钞票的特权，以为民用，使之成为整理币制之枢纽。至此，中国始见本国纸币与外商银行之纸币分庭抗礼，金融大权不复为外商银行所把持。银元券分一元、五元、十元、五十元、一百元五种；银两券分为一两、五两、十两、五十两、一百两五种。其钞票的式样照汇丰银行在香港发行钞票的式样，正面印 "The Imperial Bank of China"，并有洋大班美德伦的英文签名，反面印 "中国通商银行钞票永远通用" 和 "只认票不认人" 等字样。该行最早的章程称，钞票的发行采用十足准备制，但绝大多数年份的现金准备都远远低于发行数额。

通过发行钞票，通商银行获得巨额利润。如从 1905 年到 1911 年的 7 年中，通商银行发行钞票没有准备的部分（每年平均 140 万两），按当时贷款最低利率 8% 计算，获取利润就有 80 万两以上。

除发钞外，该行并代收库银，全国各大行省，均先后设立分

---

① 朱荫贵：《朱荫贵论招商局》，第 37～38 页。

行，重要者计有北京、天津、保定、烟台、汉口、重庆、长沙、广州、汕头、香港、福州、九江、常德、镇江、扬州、苏州、宁波等处，业务极一时之盛。1900年，八国联军攻占北京，京行首遭焚毁，天津分行亦随之收束，业务渐告不振，到1905年只剩下北京、汉口两个分行和烟台一个支行了。

1898年5月，盛宣怀向朝廷奏陈筹办中国通商银行次第开设情形，请饬下户部通行各省关，嗣后凡存解款，但系设有该银行之处，务须统交该行收存汇解，以符事体，而树风声。7月8日奉朱批："户部速议，具奏。"旋经分别议准。

最初几年，通商银行存款的主要来源是清政府的存款，其次是官督商办企业的闲置资本，各地关道和道台的待解款以及少数买办、官僚的个人存款。其放款的主要对象是外贸企业与新办实业。如1897年底，对外国洋行、中国商号和钱庄放款154万两，占放款总额的60%，这些洋行、商号、钱庄主要从事进出口贸易；向洋务运动中创办的近代企业的工业放款91.3万两，占放款总额的36%；而对民族资本主义工业的放款，辛亥革命前历年占整个放款总额的比重都不足10%。汉阳铁厂的扩建、萍乡煤矿的建设，以及卢汉铁路、粤汉铁路的建设，都得到中国通商银行资金上的支持。

五 铁路宁可"借洋债"而不"招洋股"

修筑铁路最大的问题是资金的筹集。甲午战败，国库空虚，朝廷拿不出钱，因此最初盛宣怀寄希望于筹办银行，通过集商股来解决一部分资金。1897年5月27日，中国通商银行上海总行正式开张。但是，由于这是中国自己开办的第一个银行，势单力薄；而铁厂、铁路同时要办，这两大项目都是需要巨额资金才能真正运转的。其中铁厂所需的绝大多数资金，已经靠调用盛宣怀掌控的轮船招商局、电报局的资金解决，这使修筑铁路的资金更变得捉襟见肘。在这种情况下，不向洋人借债是不可能的了。

1897 年 1 月，铁路总公司于上海成立，又在天津、汉口设立了两个分公司。盛宣怀向清政府奏明先造卢汉干路，其余苏沪、粤汉次第展造，不再另设立公司。"时各国商人先谋入股，继谋借款包揽路工。而京外绅商亦竞请分办他路，实则影射洋股与借名撞骗者各居其半"。盛宣怀通电枢、译、直、鄂，一律驳置不理，坚持先尽官款开办，然后择借洋债，再集华股，坚决反对招洋股。

盛宣怀担任铁路总公司的督办，他对自己肩上的责任与可能遇到的困难是有足够认识的。他在给两江总督刘坤一的信中说：铁路修筑之事"在泰西为易办，中国则有三难。一无款，必资洋债；一无料，必购洋货；一无人，必募洋匠……风气初开，处处掣肘"①。这三难中，资金的筹集可以说是最难的了。

盛宣怀有二十多年办实业的实践与经验，"购洋货"与"募洋匠"，对他来说已经有现成的办法可以借鉴，而"资洋债"，尽管他之前也代政府向外国借过钱，但是，现在清政府国库空虚，再要向外国借钱，会面临很苛刻的条件。

事实上，清政府原来是打算铁路实行"官督商办"，由各省富商集股修建。但当时政府信誉扫地，华商"各怀观望"，无人问津，不得已只好想办法向洋人借钱。

用洋人的钱，实际上也有两种方式，即"借洋债"与"招

---

① 盛宣怀：《致刘岘庄制军》（光绪二十三年正月初五日），盛档。

洋股"。尽管这两种方式都是用洋人的钱，但是差别很大。借洋人的钱，本利还清后，其对铁路的权益无法干涉；招洋股，一旦洋人的股权变大后，就有可能掌控铁路的主权。这与盛宣怀一贯坚持的"权自我操"的立场是格格不入的。

当时，清政府的倾向是以"洋商入股为主脑"，李鸿章也说"洋债不及洋股容易"①，均认为以招洋股为宜。盛宣怀则是从"权"字上考虑，他说："所议借洋债与招洋股，大不相同。若卢汉招洋股，鄂、豫、东、直腹地，原不至遽为所割，但此端一开，俄请筑路东三省，英请筑路滇、川、西藏，法请筑路两粤，毗连疆域，初则借路攘利，终必因路割地，后患无穷。是何异揠苗助长！若借款自造，债是洋债，路是华路，不要海关抵押，并不必作为国债，只须奏明卢汉铁路招商局准其借用洋款，以路作保，悉由商局承办。分年招股还本，路利还息，便妥"②。

张之洞赞成盛宣怀的意见，他说："惟有暂借洋债造路，陆续招股分还洋债之一策，集事较易，流弊较少。盖洋债与洋股迥不相同，路归洋股，则路权倒持于彼，款归洋债，则路权仍属于我"③。经过再三考虑，盛宣怀决定"无论议借何国路债，必须先用华款，后用洋债"。因为先用华款自造，造成一段后用路作抵押，可以免去苛条，"庶可权自我操，不致贻后来无穷之患"④。

借款筑路的消息一经传出，美、英、法、比等国商人先谋入股，继谋借款包揽路工。盛宣怀坚决反对招洋股而坚持借洋债。

① 盛宣怀：《愚斋存稿》卷24，第27页；卷25，第10页。夏东元：《盛宣怀传》，第219页。
② 盛宣怀：《寄王夔帅》（光绪二十二年三月二十七日），盛档。
③ 张之洞：《卢汉铁路商办难成另筹办法折》（光绪二十二年七月二十五日），转引自夏东元《盛宣怀传》，第222页。
④ 盛宣怀：《密陈筹办卢汉路次序机宜折》（光绪二十三年三月），盛档。

至于向哪个国家借债，盛宣怀认为，其他国家胃口太大，而比利时是个小国，钢铁资源丰富，铁路技术成熟，尽管它有法国做后台，但它"国小而无大志，借用比款利多害少"①，比较让人放心。

1897 年 2 月，比商至鄂，议铁路借款。3 月 17 日，比利时驻汉口领事法兰吉会见张之洞，面商筑造卢汉铁路事宜。经过 4 个月的谈判，盛宣怀最终与比利时人达成协议。

1898 年 6 月，《卢汉铁路比国借款续订详细合同》和《卢汉铁路行车合同》正式签订，清政府向比利时公司借款 450 万英镑（年息 5 厘，9 折付款，期限 30 年）。

在铁路建设资金的筹集上，招商局、电报局的资金已经难以支撑铁路项目的建设。1901 年，为造铁路，运萍乡的煤，招商局投资 64400 两，到了袁世凯掌控时，轮、电二局更难以为铁路提供资金了。从有记载的统计数据看，1907 年招商局仅投资江苏铁路 2372.5 两、浙江铁路 740 两、粤汉铁路 679.3 两，这对铁路这样的建设项目来说，真可谓杯水车薪。

于是，盛宣怀在张之洞的支持下，力主"争权让利"，宁偿高息，借用"洋债"，拒参"洋股"，力争铁路主权在我，将"借款与造路分为二事"，减少债权对路权的干预，在一定程度上维护了国家主权。

六　通过发行股票为铁厂、煤矿筹集资金

盛宣怀接办汉阳铁厂时，铁厂已经投入了官银 560 万两，厂矿虽已粗具规模，但因官力不逮、经营不善才决定由盛宣怀招商

---

① 盛宣怀：《遵旨历陈南北铁路办理情形折》（光绪二十四年五月），盛档。

承办。为维持企业运转，改良生产技术，扩大生产规模，在获得朝廷的许可下，铁厂督办盛宣怀发布了招商集股章程，提出：汉阳铁厂"拟先招商股银一百万两，仍以一百两为一股。自入本之日起，第一年至第四年按年提息八厘，第五年起提息一分。此系本厂老商，必须永远格外优待。办无成效，额息必不短欠；办有成效，余利加倍多派。嗣后气局丰盛，股票增价，其时推广加股，必先尽老商承认，有旧票呈验，方准其纳入新股，以示鼓励旧商而杜新商趋巧之习"①。

官办时期汉阳铁厂成效不显，同时在民间留下了不佳的印象，甲午战败后，江南民间对投资工矿企业已深存疑虑。此时上海资本市场大量流动资金投向外汇及金银买卖，对工矿投资更是趑趄不前。盛接办时铁厂仍然因为"化铁无煤"，不能正常生产，半年后便亏本20余万两，至1897年底亏空已达70余万两。② 因此，铁厂招股受到冷遇。为解决铁厂的资金困难，盛宣怀在多方筹措无效的情况下，只得调动他所控制的轮船招商局、电报局、中国通商银行等企业的资金，投资入股汉阳铁厂，解决汉阳铁厂的运营困境。

官督商办初期，民间资金没有大量进入汉阳铁厂，汉阳铁厂的资本构成（见表7-2）中，95%左右来自盛宣怀掌控的洋务企业，只有5%左右的资本集自民间。1906年，盛宣怀向张之洞追述汉阳铁厂官督商办时期集资情况时称，自己从前敢于冒昧承办汉阳铁厂，后路和仗恃的底牌就是"招商、电报、铁路、银行

---

① 《张之洞奏铁厂招商承办议定章程折》（光绪二十二年五月），盛档。
② 《盛宣怀致张之洞函》（光绪二十五年十二月初六日），盛档。

皆属笼罩之中，不必真有商股，自可统筹兼顾"①。

表 7－2　官督商办汉阳铁厂初期资本构成

投资者	数额（库平银，两）	占比（%）
轮船招商局	250000	25.0
电报局	222000	22.0
中国通商银行	328500	32.8
萍乡煤矿	100000	10.0
钢铁学堂	39000	3.9
南洋公学	6000	0.6
古陵记	36500	3.7
上海广仁堂	20000	2.0
总　计	1000000	100.0

注：古陵记是盛宣怀家族化名；广仁堂是盛宣怀所办慈善单位。

资料来源：汪敬虞主编《中国近代经济史（1895～1927）》，人民出版社，2000，第1716页，"汉冶萍公司所存创始老股帐"。

　　盛宣怀接办汉阳铁厂后，第二次发行股票是为萍乡煤矿募集资金而进行的。这次股票发行又分两次进行，据萍乡煤矿首任总办张赞宸的奏折《奏报萍乡煤矿历年办法及矿内已成工程》所述："查萍矿开办之初，并未领有资本，所收股本，乃二十五年（1899年1月至1900年1月）以后事"。其中第一次是1900年招有商股110万两。第二次是1901年10月19日，萍乡煤矿在《中外日报》等报纸上刊登《轮船招商局经办萍乡煤矿有限公司招股启》，向社会发布招股信息。招股启说：萍乡煤矿"兹因添设铁路90里，庶能畅通运道，总计成本以及归还礼和借款，共需规银400万两，除前已招有商股110万两外，净应添招商股规银290万两，除已允江西绅商附搭50万两，轮船招商局认搭100万

---

① 《盛宣怀致张之洞函》（光绪三十二年正月初六日），盛档。

两外，应净添招股本规银 140 万两。每股规银 100 两，即在萍乡矿务总公司以及各通商口岸招商局挂号，每股先收规银 10 两，出给收条，俟挂号截止，填给股票息折，每股找收规银 90 两。本公司专招华人股本，凡入股者需填明姓名籍贯，以注明根册。所有招股章程，另有刊本，请向各口招商局取阅可也"[1]。

湖北档案馆保存的此次发行的《萍乡矿务公司股票存根》包括以下文字内容[2]：

> 光绪二十九年七月初一日。
>
> 萍乡矿务公司为给发股票存根事。
>
> 光绪二十四年三月，督办铁路大臣兼督办湖北铁厂、轮船招商事宜盛，会同湖广总督部堂张，具奏萍乡煤矿援照开平煤矿筹款商办，并派员总办各折片，钦奉谕旨："萍乡煤矿现筹开办，请援照开平禁止商人别立公司及多开小窑抬价收买。即著德寿饬所属，随时申禁，多重矿务。钦此。"钦遵在案。
>
> 兹由盛大臣咨明京师矿务、铁路总局，遵照奏定章程，设立公司商办，选举总董，先集商股库平足色宝银壹百伍拾万两，以一百两为一股，自一股至千股皆可附搭，按年官利一分，闰月不计。再有盈余，照间应按十成之二五提出缴部，以伸报效。余均照章分派。萍乡铁、锑等矿，叠经洋矿师勘验，质佳苗旺，且铁性合炼上等钢轨。炼铁毗连，实为

① 湖北省档案馆编《汉冶萍公司档案史料选》（上），中国社会科学出版社，1994，第 201 页。

② 参见李江《汉冶萍公司股票研究》，第一届汉冶萍国际学术研讨会会议论文，湖北黄石，2014，第 416 页。

中外难得之矿。本公司业已购有各矿山地，目下先办煤矿，并设炼焦之洋炉、洗煤机，运煤之轮驳、铁道、挂线路。众董公议，凡事先难后易。将来气局丰盛，扩充铁道，续办他矿，就行推广加股之时，需照轮船、电报等局，先尽开创老商，出验旧票，纳入新股，以示鼓励。再股商如有限财力，听其自行出让，本公司只认票折为凭。

除将股票式样呈送查核，并将章程息折给商书执外，需至股票存根者：

计收到　　　　省　　　　府州　　　　县人

吉庆堂名下老商贰股，计库平足色银贰百两。

光绪二十九年七月初一日，给第陆千贰百肆号至陆千贰百伍号止。共贰股。

总　　　董　陈善言　朱宝奎　严　素

　　　　　　林松唐　何嗣昆　施肇英

　　　　　　盛春颐　盛昌颐

办事总董　张赞宸

帮　　　董　卢洪昶　莫　羲

汉阳铁厂股票的发行，缓解了企业资金的困难，为企业的生存发展创造了条件。股票在发行程序、票面形制、交易管理上，都经历了一个不断规范的过程，从一个侧面反映了公司管理体制的不断完善。[①]

当时，中国自己的银行只有区区一两家，证券市场尚未成立，资本市场还处在萌芽时期，除了盛宣怀创办的中国通商银行

---

①　李江：《汉冶萍公司股票研究》，第一届汉冶萍国际学术研讨会会议论文。

之外，汉阳铁厂无法从银行界筹集到更多的资金，盛宣怀只能靠他所掌控的企业相互调拨挹注资金来救济和维持汉阳铁厂、萍乡煤矿的生存发展。

七　轮、电二局挹注断绝，频频借债

盛宣怀接办汉阳铁厂，继而将其发展为汉冶萍公司，他对钢铁产业需要投入巨额资金的认识，随着生产规模的扩大越来越深刻。为了筹集资金，盛宣怀先后于 1896 年、1899 年发行过两次股票，当时外部环境不好，民间资本不看好铁厂，但是他掌控着轮、电二局，可以方便地调用它们的资金，或以它们作担保，借到资金。1903 年，袁世凯从他手中夺走轮、电二局时，规定以后铁厂借款，不得以轮、电二局财产作保，轮、电二局对铁厂的挹注断绝。为了改造铁厂的机器设备，将铁厂办下去，盛宣怀不得已只能以铁厂本身的财产作保，开始频频向外国举债。

1903 年 4 月 3 日，盛宣怀说："铁厂接济已断。事关国计，若一摆脱，难保不为开平之续（开平煤矿主权贱卖给了英国——引者注）。只得坚忍支持，再费数十年心血，俟有成效，其利益必在轮、电两公司之上。后之来者，亦不难坐享其成也"[1]。为了摆脱资金的困难，盛宣怀绞尽了脑汁。他把自己拥有的轮、电二局的巨额股票，卖得只剩下 900 股，而用卖得的全部资金买下了汉冶萍的股票，以扩充汉冶萍的资金。

从 1896 年至 1909 年轮船招商局对外的投资情况（表 7–3），

---

[1]　盛宣怀：《致张大冢宰》（光绪二十九年三月初六日），盛档。

可以了解盛宣怀对汉阳铁厂、汉冶萍公司资金重视的程度。

表 7 – 3　1896～1909 年轮船招商局对外投资情况

单位：两

年份	投资项目	金额
1896	中国通商银行	800000
1897	华盛纺织总厂	320000
1898	汉阳铁厂	100000
1899	萍乡煤矿	100000
1901	汉阳铁厂	174000
	萍乡煤矿	64400
1902	萍矿铁厂垫款	469000
1903	萍乡煤矿	70000
	内河小轮公司	50000
	大德榨油公司	5000
1906	萍乡煤矿	217000
1907	汉阳铁厂	186000
	江苏铁路	2372.5
	浙江铁路	740
	粤汉铁路	679.3
1909	汉冶萍厂矿公司	177600
总　计		2736791.8

资料来源：《朱荫贵论招商局》，第 37～38 页。

这 16 项投资总金额为 2736791.8 两，其中，投资给汉阳铁厂、萍乡煤矿、汉冶萍公司的共 9 项，总资金为 1558000 两，占总投资额的 56.93%；投资给中国通商银行的资金为 800000 两，占总投资额的 29.23%，这当中有相当大的份额也是用于铁厂、煤矿投资项目的。

尽管如此，汉阳铁厂、萍乡煤矿、汉冶萍公司发展所需的资金，仍然不能满足，为此，盛宣怀不得不频频向外国财团借款。

这时，日本的势力正在向中国渗透，与西方国家比较，当时向日本相对容易借到款项。从 1903 年 12 月 14 日至 1907 年 12 月 14 日，汉冶萍公司先后分五次向日本大仓组、小田切万寿之助、三井洋行、正金银行等借款，约 700 万元。有了这些资金，铁厂才将李维格出国考察回来后的建议完全落实，真正闯过了钢材的质量关，使得汉冶萍煤铁厂矿有限公司得以正常运转。

然而，盛宣怀的上述举措，受到社会、官场甚至清廷的严厉谴责。最受诟病的是，为了维持公司的正常发展，在招商集资无着、经费难以解决的情况下，他多次向日本举债，使日本的势力逐渐渗透进汉冶萍，使汉冶萍在一定程度上受到日本势力的左右。①

盛宣怀之所以向日本大量举债，一是他轻信了日本，妄想中日合作可以共同抵御欧美势力的侵入。1908 年 9 月，盛宣怀在赴日就医期间，曾去日本制铁所考察，当时他与制铁所所长中村雄次郎交谈时说："东亚惟汉厂与制铁所并峙，近来名誉远播，欧美至为震惧，煤铁报章至论之为黄祸西渐，极力筹抵御之策，美、德各厂已经联合，而国家又任保护"②。二是出于自己个人的考虑。正如与盛宣怀有多年交往的日本驻沪领事小田切万寿之助所说，盛宣怀希望通过举债的办法，从公司收回自己的资金。小田说："盛宣怀因已将其全部私产投入汉冶萍公司，当然会感到极大痛苦。所以，他很想由哪里举一笔债收回其资金，以预防在万一时发生汉冶萍公司与自己资产之间的纠纷……因此，他才按预定计划以萍乡煤矿作担保……此种场合，对我国来说正是可乘之机"③。

① 易惠莉：《中国第一代实业家盛宣怀》，第 108~112 页。
② 盛宣怀：《东游日记》，盛档。
③ 夏东元：《盛宣怀传》，第 413 页。

在清政府摇摇欲坠的情况下，盛宣怀对自己汉冶萍督办的地位，始终感到如履薄冰，他预感不知什么时候，汉冶萍就有可能像轮、电二局那样被清廷接管。因此，他不放心自己的资产，投入汉冶萍后，又千方百计地要从中取出。

盛宣怀、李维格等从维持公司运转、扩大生产规模以图他日获利的立场出发，认为只要注意借款策略，举借外债是公司经营的"激进之策"。李维格1905年就说过"官款难筹，商本难集，舍此实无他策"。盛宣怀也认为尽管借债"固犯清议之忌，然试问中华今日上下财力，舍此恐必束手，吾不敢谓借款为上策，但胜于无策，但看如何借法"。在资本严重匮乏以至于生产无以为继而国内官款商本都无从筹集的背景下，在公司要么停产倒闭、前期投入和努力全部付诸东流，要么举借外债或有振兴之可能的现实情形中，企业管理者的这种认识是有道理的。如果能真正做到"权由我操"，举借外债也是可以避免利权丧失的。不可否认，汉冶萍公司发展中所需的资金大多来自附有苛刻条件的日本借款。但当时的中国，一方面政治动荡，政府财政极为困窘，无力支持汉冶萍公司；另一方面工商业和金融信用业极为薄弱，汉冶萍公司这家规模庞大、耗资甚巨的煤铁联合企业，不得不通过借款于外国争取发展机会。

早在1913年就有人撰写了一篇《汉冶萍公司历史平论》，评价盛宣怀借债发展公司的业绩，"就借债论：萍乡先借礼和马克，后还礼和，续借大仓一款，非此不能成萍乡；大冶先预支矿石价，非此不能成汉厂。嗣后九江矿借正金一款，又预支正金生铁价一款，非此不能续成汉、萍两处之扩张"。从大冶新厂的建设来看，当时的汉冶萍公司仍希望走上独立自强的钢铁工业之路，而不是单纯寄希望于出售矿石。

第八章　盛宣怀为轮、电二局与袁世凯的争斗

一　袁世凯趁盛宣怀"丁忧"夺走商局

1901 年 11 月 7 日，李鸿章逝世，袁世凯接任直隶总督兼北洋大臣。为了扩充北洋实力，袁千方百计地谋求夺取盛宣怀掌控多年的轮船招商局与电报局。

1902 年 10 月 24 日，盛宣怀的父亲盛康逝世，盛宣怀按照清廷惯例，开去所兼各职差，以便安心为父亲"守制"。因张之洞称再无人有盛宣怀的能力，才保留了铁路总公司督办之职，其他各职位均准予开缺或改署任。

为了替户部筹饷，清廷拟派开平矿务局督办张翼（字燕谋）担任电报局与轮船招商局的督办。张翼曾将开平煤矿的主权出卖给英国，盛宣怀自然竭力反对由张翼来接任这两个职位。于是，他就请袁世凯来帮他想办法。他在电告袁世凯的信函中说："轮、电发端于北洋，宣怀系文忠（即李鸿章）所委，并非钦派……二十余年不过坚忍办事而已。至于利息盈亏，皆股商受之。局外不知，辄以独揽利权为诟病。时局如此，亦甚愿借此卸肩。"他又表示：张燕谋何许人也，怎么可以"钦派"这种人来督办轮、电，"公督办商务，此为中国已成之局，公既意在维持，愿勿令其再蹈

开平覆辙。伏乞主持公论”，并请袁世凯到上海面商对策。①

　　谁知这正好中了袁世凯的下怀，袁正想乘盛宣怀守制的机会，将轮、电二局的大权夺到他的手中。当年 11 月，袁世凯借吊唁盛康之机，到上海与盛宣怀商讨“轮、电归北洋管辖”的问题。盛宣怀最初的想法是，与其派张翼来接办，不如归袁世凯管辖。因此，他对袁世凯说：“电报宜归官有，轮局纯系商业，可易督办，不可归官”②。

　　但是，没想到袁世凯回京后做了手脚，朝廷很快下文：“即另简电政大臣，但改官办而不还商本。轮局亦由北洋派员接管。”盛宣怀得此坏消息，十分愤怒地说：“……日本商务大旺，中国只两公司，而十手十目必欲毁之而后快。轮船归北洋主持，尚无大碍，电线改官办，本愿如此，但商人成本二百数十万，若不付给现款，恐股票即为外人所得。此目前之一弊也……（电线）改归官办，非有强兵不能自守，则他人通消息而我不能通。此军务时一大弊也”③。

　　为此，盛宣怀又想出一策，若袁世凯真要夺走轮、电二局，索性让他将汉阳铁厂一并接管。谁知，袁世凯的胃口大得很，竟答应一并接管。盛宣怀这时只能再回过头来对袁世凯说，如果要坚持电局官办，对商人手中的股票，必须按市价收购，再另给利息予以补偿。

　　由于盛宣怀坚持反对，电局未归官办。但是，1903 年 1 月 15 日，清廷任命袁世凯为电务大臣，原直隶布政使吴重熹为驻沪

---

　　① 盛宣怀：《寄开封袁宫保》（光绪二十八年十月十三日），盛档。

　　② 盛宣怀：《寄王中堂》（光绪二十八年十一月初六日），盛档。

　　③ 盛宣怀：《致陆伯葵侍郎函》（光绪二十八年十一月十三日），盛档。

会办电务大臣；2 月，袁世凯的亲信杨士琦当上轮船招商局督办；3 月底，吴重熹正式接办中国电报局。轮、电二局均被袁世凯的北洋派系所控制。

在袁世凯的控制下，招商局"官督"的色彩越来越浓厚。袁拟定了所谓"改革招商局局务九条"，将商局的财务、外事与各项重大局务的决定权统统抓在自己的手中。规定"动支款项在一万两以上者，须禀请本大臣核准，方可开支。如有急需，应电禀请示核办"；"与各国洋商或他国轮船公司订立合同，须先将合同草稿呈请本大臣核准后方准签字"；"局中雇佣洋员，遇有提升职位或加增薪俸及应行更换者，须禀请本大臣核夺"；等等。袁世凯先后札委"会办五人，坐办二人，提调二人，正董事三人，副董事三人，漕务商董二人，帮办一人"，"其挂名文案领干薪者颇多"①。

袁世凯的这些做法，进一步暴露了其利用"官督商办"的体制，追逐私利的企图，加深了商局大多数股东对他的反感。

二　盛宣怀的反击

针对袁世凯的举动，盛宣怀予以坚决的反击。

首先，他加紧轮、电二局与汉阳铁厂的相互"挹注"。盛宣怀通过各种渠道向各方表明自己的主张，强调说：轮、电是"肥壤"，铁厂是"瘠土"。铁厂的股商，"皆轮、电公司之商人也……厂矿与路工互为济用，而轮、电商本又与厂矿相为钩连"。②"肥壤"被夺走，留下的"瘠土"是不能长久维持的。盛

---

① 夏东元：《郑观应集》下册，上海人民出版社，1988，第 874 页。
② 盛宣怀：《致陈瑶圃函》（光绪二十八年十一月十六日），盛档。

宣怀以前对汉阳铁厂之所以"敢于承办者，因有轮、电两局可挹注耳"。如果"轮、电两局接济之路已绝"，要把铁厂继续办下去，只有借洋款一条路。但这与当年接办汉阳铁厂时不让洋人执政的初愿是相违背的。1896年，张之洞之所以把铁厂交给盛宣怀承办，"亦因不愿外人执政故耳"。照袁世凯的规定，铁厂借洋债不能用轮船招商局财产作押，只能以铁厂财产作押。借洋债"仅以厂矿作押，不准由外人执政断办不到"①。因此，盛宣怀坚持要么袁世凯将铁厂也拿过去，要么轮、电二局仍归自己督办。

之后，袁世凯又耍新花招，他一改最初只要轮、电二局不要铁厂的说法，表示"亦愿自任"。盛宣怀针对袁世凯的这种作为指出："今之议者，皆云铁厂亦宜交慰帅（袁世凯）一手办理；读慰帅来电亦愿自任"②。盛发出警告说："皆谓我公以石压卵，将来不仅撤此两局已也。"③

为了争取朝廷的支持，盛宣怀不得不把问题捅到荣禄那里。他说："轮船公司，纯是揽载与洋商争利，各国确无官办者，似应仍听商办"；商办轮局应"隶入商部"，不能归北洋管辖。④ 如果轮局商办并且归商部管辖，那么就可使袁世凯的如意算盘落空。但是，事实上袁世凯在荣禄面前也不是无所作为的，轮船招商局被袁世凯掌控，在当时已是无法挽回的了。

1903年2月，袁世凯的亲信杨士琦当上了轮船招商局的督办，同时袁世凯又把盛宣怀的老对头徐润拉入局中任会办。

---

① 盛宣怀：《致赵竹君函》（光绪二十八年十二月初五日），盛档。
② 盛宣怀：《致赵凤昌函》（光绪二十八年十二月初五日），盛档。
③ 盛宣怀：《致袁世凯函》（光绪二十八年十二月二十九日），盛档。
④ 盛宣怀：《上荣禄禀》（光绪二十八年十一月十六日），盛档。

商局被袁世凯控制之后，成为袁世凯发展自己的力量，尤其是军事实力的重要财源。袁竭尽搜刮之能事，经营极端腐败。盛宣怀、郑观应等十分关注商局的动向。诚如郑观应所说：商局"官气日重，亏耗日巨"①。盛宣怀则说："北洋专为剥削"②，不事经营。

1906 年，盛宣怀将北洋接手后商局的不景气同自己督办时的情况做了对比，他说：我 1885 年接办招商局时，"所收者实在只有华商资本二百万两"，1902 年北洋从我手中接办时，"所交者实值资本二千万余两，已不止十倍"。北洋有这样好的基础，"交替已逾四载，自应大有进步，但调查情形，不特一无推广，长江、天津洋商轮船增添不少，而招商局轮船仍未多加，各口岸码头栈房并无一处增添，反将上海浦东码头、天津塘沽码头、南京下关码头卖出"③。盛宣怀又说：我"丁忧"后，袁世凯将轮船招商局夺归北洋官督，"派总理、会办多员，渐失商办本意"④，其经营越加腐败。盛宣怀不断地揭露袁世凯掌控商局后的真相。

三　中国电报局进入"商股官办"时期

朝廷要将电报局改为官办，盛宣怀表示反对。理由之一是一旦发生战事，官办电报会被外国夺取，对中国不利；理由之二是这将损害商人利益。电报是入股众商二十多年股业的积累，如果

---

① 郑观应：《致商务大臣盛宫保论轮、电两局书》，《盛世危言后编》卷 10，第 67 页，转引自夏东元《盛宣怀传》，第 380 页。

② 盛宣怀：《致郑陶斋函》（宣统元年闰二月初六日），盛档。

③ 《轮船招商局节略》（光绪三十二年），盛档。

④ 盛宣怀：《致陆中堂函》（宣统二年），盛档。

夺归北洋管辖，商人对政府失去信心，势必将股票卖给洋商，多少年来与洋商争权的努力，将付诸东流。但是，1902年底，清廷仍发出收电报归官的上谕："……着袁世凯、张之洞迅将中国所有电线，核实估计，奏请筹拨款项，发还商股，即将各电局悉数收回，听候遴派大员，认真经理，以专责成，而维政体。"其实，清廷将电报局归官，目的是欲将其"归入户部筹饷"，即垂涎于电报局之丰厚收入。

此谕一出，在官场上层及民间都引起很大的反响。《中外日报》1902年12月14日刊发的"论说"，即表达了对电报收归国有的不满，揭露政府假"官督商办"之名，行"商款官办"之实；指出电局"官督商办"之名下已"官场列气人重"，"办理不善"，此后改为官办，更不会有好的改观；认为朝廷发布收归上谕，是出自袁世凯之手。

为阻止袁世凯收走电报局，盛宣怀致函户部侍郎陈瑶圃，称股商现在群情焦虑，且洋商欲乘机攘夺，袁世凯必须按价值付现款，以避免股商遭受损失，以安舆情。1902年12月18日，盛宣怀又致电陈瑶圃说："众商二十余年之股业，先十余年息甚微，后十余年余利均作造本，亦未将公积悉数分派。"[①] 要求电线归官必须付现款，"如不给现款，恐股票为外人得"，并称政府还需偿付商人为海线所垫借的款项。12月19日，盛宣怀致电袁世凯，借香港股商之公电，暗示若不能使股商的权益得到满意的补偿，后果十分严重。盛宣怀极力促使朝廷先发还商股，再收回电局。这一方面可以维护电报股商的利益，另一方面也增加了收赎电局的难度。

---

① 盛宣怀：《致陈瑶圃函》（光绪二十八年十一月十六日），盛档。

电报局需偿付给股商的收赎巨款，的确给政府造成沉重的压力。1902 年 12 月 20 日，王文韶向盛宣怀透露："电线归公，户部恐难筹款。时局翻腾，尚不知伊于胡底也。"迫于社会压力，袁世凯终于采纳先发价再收回的程序。12 月 20 日，袁世凯同时致电盛宣怀和张之洞，表示"发价后再行收回，自为一定办法"，并要求盛宣怀将线路里数、局数料物、产业存数、各线修理年数、商股新旧各若干、各省协拨公款若干，详细示知，以便查估。这与 1902 年 12 月 12 日上谕所述收回电局股票的方法不同：之前是"将中国所有电线，核实估计，奏请筹拨款项，发还商股，即将各电局悉数收回"，而现在有了一个缓冲期；之前是按照架设电线所费金额来给股商补偿，现在是根据股票市场的收益情况来给予补偿，标准不同，则股商损失可以相对减少。盛宣怀立即将此决定告知股商。

1903 年 1 月 15 日，清廷再发上谕："该局改归官办之后，其原有商股不愿领回者，均准照旧合股"，以体恤商情。由此电报局进入商股官办时期，收赎电报局商股一事暂告停歇。但此时股东们已开始担心其股票将遭到全部或部分没收，于是向通商口岸的外国人靠拢，以把他们的股票转换成外国名字。若任此情形发展，电报局之国有属性将受到威胁。于是，盛宣怀要求袁世凯："谕令股商毋庸情急，不得将股票售予外人，并札沪道照会各国领事，禁止洋商收买电票矣。"同时，盛宣怀向电报股商表明政府无抑勒之意，要求其不得将股票售予外人，同时札饬江海关分巡苏松太道袁树勋通过美国总领事，照会各国驻沪领事，禁止洋商收买电局股票。

1903 年 1 月 15 日，盛宣怀致外务部电，在历数电线创业和经营的艰难情形之后，称归官必须不损商利，电报局经营 20 年才有今日成果，收赎股票价格定于每股至少 150 元，"此商股计值之实数也"。

1903 年 1 月 25 日，盛宣怀致张之洞电中谈道：从电报局历年账册中看到，尽管报费收入不少，但支出亦巨，往往两相抵销，所余无几。局董们得益的主要来源就是股票收入，"局中获利之厚尤超越寻常，年来股票之昂较原价竟须加羊倍蓰，说者谓中外通商以来中国仿西法而得利者，惟电报与招商二端，而电报尤本轻而利厚"。

此时股商不断向外务部发电报，表达对电局官办后发展前景的担忧："一经官办，则尊卑分隔，上下情睽……官办商务，获利罕闻，是以市风一变，票不流通，如欲求售，价必减折，若再抵押，无人见信。"商人再三思量、权衡利弊后，决定向官府售出电股。香港电报股商也请外务部俟明年三月电局结账派利后，秉公发价，再行收归官办。但政府未明确补偿钱数，于是香港股商再向外务部上禀，声明查各国通例，国家收买商人公司物业，均按照时值估计，再酌加一二成，"今日中国电线遍设行省，每股时价值一百七八十元"，并声明"是商等股票，多系按揭外人，若不先行定价发还，届时恐别生枝节"。再次要求俟明年三月电局结账派利后，秉公发价，再行收归官办。

1903 年 3 月 29 日，吴重熹正式接办电报局，电报局进入商股官办时期。吴重熹通饬各电报局，力图整顿，以表明政府之"善于经营"。他要求各局上报材料清册，严令巡兵认真巡守、报员认真处理业务。吴重熹在通令中强调，凡泄露军报者将受军法处置，泄露商报者"局员撤差、报生严办"，表现出官办电局亦可令人信服的姿态。官办电报局发报收费制度仍与商办时期一致，每月仍将账目造送，沿袭了电报商办时的做法。但是，电报局一时仍无法收赎商人手中的股票。

不论政府如何表示官办电局将与商办时一样经营，严格管理，电报收归国有一事，仍然引发强烈的反应。作为电报局创办者之一的郑观应，写下《读汉书适闻电报局督办及招股创办董事易人有感》，表达对清政府的不满："是非公论听旁观，开国元勋猎犬看。世事纷争如博奕，人情反复似波澜。从来正直招尤易，毕竟清刚挫节难。我学子房甘勇退，追随黄石炼还丹。"①

四　盛宣怀出面解决电报局收赎商股之事

1906 年，清政府新设邮传部，将电报归其管辖，进一步推进电报局收归官办的进程。盛宣怀乃向邮传部施加压力，说与其"商本而官办"，不如干脆官本官办，要求"仍遵前旨，发还商本"，这对政府是有好处的，所还不过三百余万两，却每年免发商息三十万八千两，国家可以"渐收拓广之大利，并可免官占商产之恶名"②。

邮传部亦认为将电报收归国有后，一方面可集中力量推广线路铺设进程，另一方面可以以政府为后盾而降低报价，事关大局，因此开始清查电报局账目，准备将其收回。其中最关键的是要将电局股票从股商手中买回，而当时电报局发行的股票总数为22000 股。

其实，清政府收买股商的股票，并不想按照时值估价，再酌加一二成的惯例来执行。在他们看来，盛宣怀是电报局的大股

---

① 韩晶：《晚清中国电报局研究》，第 142～147 页。
② 盛宣怀：《设电线沿革》（光绪三十二年），盛档。

东，只要摆平了他，问题自然就解决了。此时，广大股商生怕自己的利益无法得到保障，各省各埠股东纷纷到沪开会，表达自己的意见，反映出股商维护自身权益的强烈意志。但是，政府并不松口，这等于要将这些电报的收益从股商手中夺走，自然引起公愤。双方矛盾的焦点在购回股票之定价上。

邮传部对股商的要求做出回应：电报关系紧要，不能只视为商人营利的手段，而且各国电报皆为国家所有，中国自不应例外；又说：电报局开办之初，商股微薄，皆赖各省官力出资补助，才有今日之局面，目前"欠数未清还者尚二十余万"。事实上，电报局招股之初，为偿还所借的官款，将政府头等电报免费，早已抵完，如今却被指仍欠政府款项，不能不令股商十分反感。邮传部又称因各地设线要求不断，还需工程费用数十万元，而修理、养线等务责归商办，则对商无利，且"展线、大修、减价"三事皆为"今日最要之图"，但股商却将此三事视为"最损之策"。

政府的强硬态度与无理狡辩再一次激化了官商矛盾，当时《申报》《中外日报》等报纸纷纷就邮传部将电报局收归官办的奏折逐段进行批驳，认为政府出尔反尔，对股商所做的贡献视而不见，对商人只知利用，不知保护。

朝廷为缓和这种僵局，决定再派盛宣怀出面。1908 年 3 月 9 日，盛宣怀被授为邮传部右侍郎，管摄路、电、航、邮四政。盛宣怀对此项任命颇感棘手，他在给邮传部左侍郎吴郁生的信中抱怨道："近来报纸皆谓收赎发端于弟，而部电欲我先交先领，商界自闻此言，深疑敝处见好于官，从此无人过我门矣。两面受挤，只得退避三舍。旋接闽县覆电，业已上闻，势难反复，屡请另派丞参到沪调处，均不许可。弟向来办事不肯因难畏缩，现拟酌中遵照奏案核定票价，先请部示，再行集商劝导，必须付弟全权，方能当机立断。"①

　　盛宣怀深知此次股商不满情绪非常强烈，故提出要邮传部给予其处理此事之"全权"。他很清楚收归官办一事若处理不好，即会激起民变，"若再不赶紧结束，俟其正式会成，各省会不论有股无股，皆发愤论，恐非照帐略计算不能买矣。……电事愈议愈远，实因风潮使然。苏、杭、甬战胜朝廷，彼等骄营口甚，动辄开会。局中之争较，皆从局外之横议激起"。② 电报局的变动已经引起社会的强烈反应，而"局外人"的"横议"更催化了局中股商反抗的情绪，使政府平息股商争议一事变得更为棘手。

　　邮传部电令盛宣怀出面解决收赎商股之事，盛宣怀施展其谈判手腕，两面说服。他先召集上海股商开会核议发还股价数目，各股商援引 1903 年准其附股谕旨，历陈商人创办艰险，希望请盛宣怀劝政府停止收赎。后在盛宣怀"谆切开导"之下，众商勉强答应归官，但要求按股给值 300 元。因电报股票的收益不仅看当时的票面价值，还要看到日后的发展趋势。正如股商所言，中国还有近万里的电报线要架设，电报股票的收益会大大增加，而电报收官后，商人再无股息可得，因此出价也不过分。当时邮传部仅有备款 400 万元，要收 22000 商股，其出价每股仅为 180 元，与股商的要求整整相差 120 元，双方相持不下。若此事未能按政府意思解决，先例一开，此后抵抗政府意见的事必然会层出不穷；而若以偏低的价格赎股，则会损害股商利益。时已届七月，凡未缴股者势必纷纷领息，也给政府造成负担。当时清廷正诏令

---

① 《盛宣怀未刊书稿》，中华书局，1960，第 117 页。
② 《盛宣怀未刊书稿》，第 117 页。

华侨回国兴办实业，"风声所播，影响必多"。

如何做到"既恤商情，复顾国体"，令盛宣怀非常为难。盛宣怀一方面向朝廷复请"体念商艰"，希望朝廷能再多加补偿。他提出收股 3 年内按股每年提商洋 6 元补给股商，此款于大东、大北每年摊来海线报费 50 余万元之内拨发，无须政府筹措。另一方面对股商再加压力，与上海道蔡乃煌再次招集股商，以朝命不可违，要求股商必须交股，同时陈之其拟定的优待条件，对股商施以利诱，建议股商将政府赎还的资金投入新开设的汉冶萍煤矿总公司。

应该说盛宣怀的"同情政策"及经济利诱起到了一定作用，加之政府收官之意坚决，在强人的压力下，电报股商最终向政府屈服，以每股 175～180 元的价格向政府交出股票。仅月余时间，22000 股收回 21400 余股，其余散布的 500 余股之后也陆续领回。1908 年 9 月 8 日，邮传部奏报电股收回完竣，而电报局之建制也被改撤。① 至此，电报局完全实现"官本官办"。

为挽回商人信心，盛宣怀请求朝廷颁发谕旨，声明日后无论商办公司或官商合办营业，如轮船招商局、汉冶萍铁厂、银行、邮传、矿业各公司"断不引以为例"，商民毋庸疑虑，若有不得已需要收归官办者，则先与该公司和平商妥，照最优之例给价，企图以此消除影响，挽回政府形象。但是，此次电股归官造成的恶劣影响并非朝廷一道谕旨即能消除。

电报局虽然被收归国有，但是，随着政局的变动，1910 年 8 月，盛宣怀奉旨赴邮传部右侍郎本任，电报局又在他的主持管辖之下了。

---

① 韩晶：《晚清中国电报局研究》，第 149～151 页。

五　盛宣怀从袁世凯手中夺回商局

1909 年 1 月，靠逢迎慈禧太后、出卖戊戌维新派起家的袁世凯，被撵回河南老家"养疴"。但是，他的亲信仍遍布朝廷。1909 年 2 月 9 日，袁世凯手下的重要骨干徐世昌被授为邮传部尚书，而"港多徐党"，港商占了招商局相当大的股份。盛宣怀担心徐世昌利用这股力量以达到攫取招商局的目的，使商局最终被政府夺去。为抵制"徐党"的行动，3 月 27 日，他去信正在澳门的郑观应，请郑观应在广州找"同股兼同志者"列名公呈招商局商办，以反对徐世昌将商局收归国有的企图。[①]

1909 年 4 月，轮船招商局转归邮传部管辖之后，面临再次失去控制的局面，盛宣怀开始站在股东的一边，带领股东抗议，选择将公司注册。来自南北方的 31 位股东联合致电邮传部，要求设立一个由股东选举产生的董事会。

1909 年 8 月 15 日，招商局在上海张园举行第一次股东大会，代表 31164 张股票的 732 位股东，选出了一个 9 人组成的董事会，其中绝大多数人都是忠于盛宣怀的，盛宣怀当选为董事会主席。股东们还起草了新章程，以取代 1885 年的旧章程。邮传部接受了这一章程是对商办的一个重大让步，但是"官督"的性质还是被保留了下来。邮传部委派钟文耀为"正坐办"（相当于特派员），沈能虎为"副坐办"。邮传部委派的正、副坐办与股东推选的董事会同时并存，并要求公司以禀文形式向邮传部汇报重要事项。

[①]　夏东元：《盛宣怀传》，第 530 页。

　　1910 年 6 月 12 日和 1911 年 3 月 26 日，股东们在上海先后召开第二届、第三届股东年会。第三届年会使董事会的权力进一步正规化。9 人董事会被称为"议事董事"，船舶、运输和财务三个部门的头头被称为"办事董事"，由股东推选的两位监察人被称为"查帐董事"。新修订的章程使董事会向成为权力中心迈出了重要的一步。轮船招商局作为一个私人的商办企业在农工商部注册，邮传部可以委任两名官员（一名专司监察，一名兼办漕务），所有董事和办事董事都要由股东选举产生，所有关于公司经营的决议都要由董事会做出。如果邮传部监察员发现任何一位办事董事不胜任或者不诚实，可知照董事会撤换。董事会可以自行免除不合适的办事董事，并可要求邮传部撤换他们认为不胜任或者不诚实的监察员。公司的船只和航线都要在邮传部注册，每年向邮传部递交一份财务报告。

　　1911 年 10 月，辛亥革命爆发后，邮传部委任的官员离开了轮船招商局，公司的全部管理权终于完全由董事会掌握。同月，盛宣怀亡命日本，但仍是轮船招商局最大的股东。

　　他从日本回来之后，提出按日本邮船会社的模式改造轮船招商局的管理机构；并提出由股东选出的董事会通过向三个主要职能部门各派一名董事会成员，执掌轮船招商局的实际经营权，以此将公司的管理权集中于董事会，使招商局完成了向商办公司的转变。

第九章　辛亥革命前后的轮、电二局

一　盛宣怀因"铁路国有"结束政治生涯

1906 年，清政府被迫同意川汉、粤汉铁路集股商办，并分别成立了商办铁路公司。

1911 年 5 月 9 日，清政府宣布铁路干线国有化，派端方为接收川汉、粤汉铁路督办大臣；而川汉、粤汉铁路与时任新组成的"皇族内阁"邮传部大臣盛宣怀有关，因为同年 5 月 22 日，清政府派盛宣怀作为代表签署了《英法德美川汉、粤汉铁路借款合同》。

关于铁路干线国有与向四国借款的关系，盛宣怀在一份文件中表述得很清楚："查四国借款合同不能销灭，所以提议铁路国有。如铁路不为国有，则借款合同万不能签字，是铁路国有之举，其原动力实在于借款之关系。"①

川汉、粤汉铁路收归国有，引起全国人民特别是川、粤和两湖人民的反对，从而掀起了保路风潮，导致辛亥革命的爆发，盛宣怀成了首先受到攻击的对象。

---

① 《邮传部修正川汉、粤汉借款合同暨干路国有办法理由》（1911 年 10 月），盛档。

其实，盛宣怀一向是铁路商办的主张者，如 1898 年他在《上庆亲王》中说："查铁路一事……盖一归商务，可由中国造路公司与外国借款公司订立合同，准驳之权仍归政府，可消除许多后患。……中国欲保自主之权，惟有将各国请造铁路先发总公司核议，自可执各国路章与彼理论，其有益于中国权利者，不妨借款议造；若专为有益于彼国占地势力而转碍于中国权利者，即可由总公司合商民之力拒之。惟中国官商多有暗中结连彼族希图渔利，反使大局受无穷之害，此时事之尤为可虑也"。

盛宣怀又说："中国幅员广袤，边疆辽远，必有纵横四境诸大干路，方足以利行政而握中枢。从前规画未善，致路政错乱纷歧，不分枝干，不量民力，一纸呈请，辄准商办。乃数载以来，粤则收股及半，造路无多；川则倒帐甚巨，参追无着；湘、鄂则开局多年，徒供坐耗。循是不已，恐旷日弥久，民累愈深，上下交受其害。应请定干路均归国有，枝路任民自为，应即由国家收回，亟图修筑，悉废以前批准之案，川、湘两省租股并停罢之"。①

但是面对"钱"的问题，盛宣怀不得不提出粤汉铁路和川汉铁路收归国有的主意。当各地起来反对时，盛宣怀又与清政府商议"请收回粤、川、湘、鄂四省公司股票，由部特出国家铁路股票换给，粤路发六成，湘、鄂路照本发还，川路宜昌实用工料之款四百余万，给国家保利股票。其现存七百余万两，或仍入股，或兴实业，悉听其便"。②

盛宣怀想借铁路国有，向外国借款，从而加快铁路建设的步

---

① 盛宣怀：《上庆亲王》（光绪二十四年十月初五日），盛档。
② 《清史稿》，中华书局，1977，第 12811~12812 页。

伐，以达到改善国计民生的目的。但是，他错误地判断了当时国内的政治形势，错误地想象民众对政府政策的朝令夕改所能忍受的程度，也过高地估计了自己的能力，最终，他只能自食其果。他在京汉线全线完工后说过："设当日不废美约，则粤汉、京汉早已一气衔接，南北贯通，按照原奏先拼力偿比款，继偿美，最后偿英，不逾三十年，京汉、粤汉、沪宁三路，皆徒手而归国有，然后以所赢展拓枝路，便利矿运，讵不甚伟"①。

盛宣怀对清廷首鼠两端的铁路政策极其不满，他力图改变，然而事情的发展并非如他的预计，最终清廷将他作为替罪羊予以革职，结束了他的政治生涯。

二 孙中山以招商局局产抵押借款未能成功

1912 年 1 月 1 日，中华民国临时政府在南京成立，孙中山出任临时大总统。"革命政府财政穷乏已达极点，供给军队之财源几无，几达破产之地步，若数日内无法获得救燃眉危机之资金，或解散军队，或解散政府，命运当此。……鉴于上述现状，旧历年前后不拘何种手段，亦要筹足维持军队之费用。汉冶萍断然实行日华合办，以筹五百万元，以招商局为担保借款一千万元等举，皆因此故也"。② 面对当时的形势，不但孙中山有向日本举债的冲动，临时政府其他与日本有关系的要员同样如此。与此同时，南京临时政府与盛宣怀间的交涉也开始了。

1 月 2 日，南京临时政府召开第一次内阁会议，做出三条决

---

① 中国史学会主编《洋务运动》第 8 册，第 76 页。

② 李廷江：《日本财界与辛亥革命》，中国社会科学出版社，1994，第 254～256 页。

议，其中第二条专门议决以招商局局产向日本抵押借款。此后，招商局董事会陆续接到陆军全体军官将校公函，又奉沪军都督转行中央政府急令"以民国新立，军需孔繁，暂借招商局抵押银一千万两备用，由中央政府分年担保本息，限四十八点钟内回复"等语。招商局董事认为"此事重大，非少数董事所能解决"，需开股东大会表决，以"限于时间紧迫"为词，向南京临时政府去电，采取尽量"拖延"的手段应付。①

1月17日，孙中山通过他的代表陈荫明向逃亡日本的盛宣怀传话："民国于盛并无恶感情，若肯筹款，自是有功，外间舆论过激，可代为解释"；至于盛氏被没收的财产，"动产已用去者，恐难追回；不动产可承认发还"。

1月中旬，南京临时政府财政极为困难，拟以汉冶萍公司财产作抵押，向日本筹借款项，或用中日合办形式，以解燃眉之急。遂派何天炯为代表赴日，通过王勋（阁臣）将用汉冶萍公司筹款事告盛，盛在"义在容辞"的答话之余，提出"或由公司与日商合办"的意见，并云："合办以严定年限、权限为最要，免蹈开平覆辙"。

2月2日，孙中山从沪都督陈其美处得到招商局"各股东全体承认，无一反对者"的信息，向招商局发去感谢电文。同日，招商局致电孙中山和黄兴，强调2月1日已开股东会，但到会者"仅得十成之一"，之后众多未参会的股东纷纷表达不同意见。2月7日，招商局董事会又采取"全体告辞"的举措，给南京临时政府以招商局局产抵押借款一事，增添了更大的难度。

2月23日，孙中山致函盛宣怀："执事以垂暮之年，遭累重叠，可念也。保护维持，倘能为力之处，必勉为之。现在南北调

---

① 胡政主编《招商局珍档》，第496页。

和，袁公不日来宁，愚意欲乘此机会，俾释前嫌，令执事乐居故里。"同日，孙中山下令废除中日合办汉冶萍公司草约。这时以招商局财产作抵押向日本筹款一千万元，亦未能成功。

3月8日，盛宣怀复函孙中山："公一手变天下如反掌，即以一手让天下如敝屣，皆以为民也。惟中华之民穷困极矣，非洞开门户，大兴实业，恐仍不能副公挽回时局之苦心。侧闻公阅历欧亚，知足民大计，必从实业下手，路矿圜法尤其大者。与下走平生怀抱差幸不谋而合。"他对孙中山"保护维持"其家族财产，表示了"感泐尤深"之意。

3月13日，盛宣怀致函张仲炤："民国政府力摧实业公司，汉冶萍、招商局几乎不能保全。幸赖项城之力。"就此共和统一，目前风已过去，以后实业必大兴旺。"故我辈不可不以保持已成为己任"。3月15日，孙中山致函盛宣怀："实业以振时局，为今日必不可少之着。执事伟论适获我心。弟不日解组，即将从事于此。执事经验之富，必有以教我也。"

3月30日，盛宣怀致函孙中山："钢铁关系自强，需本甚巨，华商心有余而力不足，恐非政府与商民合办不能从速恢张，以与欧美抗衡也。"

三 招商局抵制袁世凯再次控制商局的计谋

辛亥革命爆发后，清政府所派官员钟文耀撤离招商局，盛宣怀逃亡日本，局务全归董事会主持。

1912年2月13日，清帝下诏宣布退位；袁世凯声明赞成共和，孙中山向参议院辞职，推荐袁为临时大总统。4月1日，孙中山正式辞去临时大总统职。之后，袁世凯派曹汝英、施肇曾以

"审查员"身份到上海重新推行"官督商办"体制，仍试图把招商局收归北洋政府，① 但遭到招商局广大股东反对，未能成功。

盛宣怀一面通过商局股东中的知己，以商办为名抵制袁世凯控制商局的计谋；一面又不得不通过多个渠道，向已窃取辛亥革命果实的袁世凯"示好"，获准于 1912 年末回国。

1913 年，盛宣怀利用招商局股东年会决议仿照日本邮船会社办法，由股东推选董事 9 人，再由董事互推两人为正、副会长执掌大权，把不能经常兼理招商局事务的袁世凯的亲信杨士琦推为会长，缓解与袁世凯的矛盾。盛宣怀自任副会长，实际稳操实权。主船、营业、会计三科，也都由盛宣怀信任的董事分别掌管。

频发的国内军阀战争以及连续动荡的政局，严重干扰和影响了商局的发展，特别是各地军阀对商局轮船的随意截留占用，直接破坏了商局的经营活动。

据 1913 年的报告，"溯自辛亥革命以来，兵戈所指，满目疮痍，招商局所受影响甚巨。本年（1913）夏间，皖赣又肇兵端，沿江而下遂及上海制造局一带，烽火连朝，成为战地。于是长江上下，川、楚、闽、粤几无宁土。七月间江永轮船满装客货，被截于湖口，固陵轮船回沪修理，被扣于九江。以致七、八两月，局船除供差遣往来北洋之外，余皆停泊浦江及香港等处，不敢越雷池一步。故本年所得水脚，更较上年短少 13 万余两，全为兵事所致，非市面盛衰所致也"②。

面对这种局面，盛宣怀仍想使商局重整旗鼓。1914 年，他采

---

① 《派杨士琦查办招商局改组》，《东方杂志》第 9 卷第 7 期，1913 年 2 月。
② 《国民政府清查整理招商局委员会报告书》下册，第 73 页，"1913 年帐略"。

取两项重大举措，一是将商局的资本升值至 840 万两，二是把与航运业无关的产业分出，另设积余产业公司。这些举措，增强了招商局的抗压能力，同时使商局尽量减少由于航运业遭受摧残所带来的损失，更重要的是使袁世凯企图攫夺招商局的计划更加难以得逞。袁世凯的亲信杨士琦、王存善事后向袁所上的节略中说："为今之计，只须防止其不准将产业抵押变卖，及股票卖与洋人，以杜航权落于外人之手，待时机一到，便可收回国有。"①

但是，整个形势并未有所好转，1914 年的报告说："由于辛亥革命，汉口招商局船栈被火烧毁，损失巨大，汉口受损失商人组织追赔会索赔，1913 年招商局已垫付现银 10 万两，当年又经汉口商会调停，议由招商局再垫规银 10 万两，连前共 20 万两，又填水脚期票银 16.5 万两，于民国 4 年起分 5 年摊用，每年 3.3 万两，由汉口商会分别转交各商具领抵用水脚"。据 1915 年、1916 年和 1918 年的报告，"自辛亥至癸丑，三年中两经兵衅，营业亏折，栈产损失，至骤增巨数之债项"。1916 年，"又值川湘鄂一带兵戈载途，运道阻塞"，"招商局轮船南阻北截，津烟港粤班船停驶"。1918 年，"招商局又为南北战争，交通互阻"。② 袁世凯虽未放弃控制招商局的打算，但是，他一时对盛宣怀也无可奈何。然而，由于受政局的影响，轮船招商局自此一蹶不振，在相当长的时段里，维持着惨淡经营。

轮船招商局由"官督商办"至"商本商办"经历了一个曲折、漫长的过程，它伴随了盛宣怀的整个实业生涯。

---

① 《招商局文电摘要》，第 103～105 页，转引自张后铨主编《招商局史（近代部分）》，中国社会科学出版社，2007，第 304 页。

② 易惠莉、胡政主编《招商局与近代中国研究》，第 369～370 页。

　　1916 年，袁世凯、盛宣怀之间围绕招商局的斗争，随着袁、盛的相继去世而结束。但是围绕着招商局的官商矛盾及权力之争，并没有因此而终止，北洋政府控制招商局的企图也始终没有放弃。

　　1919 年，新董事会成立，"选孙宝琦为会长，李国杰为副会长，董事而兼任局中重要职务者为盛重颐（盛宣怀五子）兼经理，郑观应、陈猷、邵义耄均兼科长"①。此时孙宝琦以税务督办兼任招商局董事会会长，实则北洋政府仍想通过他对招商局进行"整顿"，以达到掌控的目的。

---

　　① 《国民政府清查整理招商局委员会报告书》下册，第 88 页。

参考文献

陈潮：《晚清招商局新考》，上海辞书出版社，2007。

寒波：《盛宣怀》，香港：天地图书有限公司，1997。

胡政主编《招商局珍档》，中国社会科学出版社，2009。

牛贯杰：《重读李鸿章》，东方出版社，2014。

盛承懋：《盛氏家族·苏州·留园》，文汇出版社，2016。

盛承懋：《盛宣怀与"中国的十一个第一"》，西安交通大学出版社，2016。

盛承懋：《盛宣怀与湖北》，武汉大学出版社，2017。

盛承懋：《中国近代实业家盛宣怀——为办实业走遍天下》，天津大学出版社，2018。

汤照连主编《招商局与中国近现代化》，广东人民出版社，1994。

汪衍振：《大清皇商盛宣怀：一个超越胡雪岩的红顶商人》，华中科技大学出版社，2014。

王尔敏、吴伦霓霞编《盛宣怀实业函电稿》，台北：中研院近代史研究所，2005。

夏东元：《盛宣怀传》，四川人民出版社，1988。

夏东元编著《盛宣怀年谱长编》，上海交通大学出版社，2004。

易惠莉：《易惠莉论招商局》，社会科学文献出版社，2012。

易惠莉、胡政主编《招商局与近代中国研究》，中国社会科学出版社，2005。

张国辉：《洋务运动与中国近代企业》，中国社会科学出版社，1979。

朱荫贵：《朱荫贵论招商局》，社会科学文献出版社，2012。

韩晶：《晚清中国电报局研究》，博士学位论文，上海师范大学，2010。

李江：《汉冶萍公司股票研究》，第一届汉冶萍国际学术研讨会会议论文，湖北黄石，2014。

李强：《盛宣怀与甲午战争中的电报通讯保障》，《兰台世界》2011 年第 28 期。

刘丁：《轮船招商局与晚清海防》，《四川理工学院学报》（社会科学版）2006 年第 3 期。

吕成冬：《从盛宣怀档案中盛宣怀与唐文治信函看盛唐关系（1907～1914）》，《常州工学院学报》（社会科学版）2010 年第 6 期。

盛承懋：《盛氏家族与汉冶萍》，第一届汉冶萍国际学术研讨会会议论文，湖北黄石，2014。

盛承懋：《从汉阳铁厂到汉冶萍》，第二届汉冶萍国际学术研讨会会议论文，湖北武汉，2016。

王东：《甲午战前中朝关系与朝鲜电报线的建设》，《史学月刊》2016 年第 6 期。

王东：《盛宣怀与晚清中国的电报事业（1880～1902）》，硕士学位论文，华东师范大学，2012。

王东：《近代中国电报利权的维护：以 1883～1884 年中英交涉福州电报利权为例》，《重庆邮电大学学报》（社会科学版）

2011 年第 6 期。

王杰:《北洋大学堂与中国近代高等教育的缘起》,《高教探索》2008 年第 6 期。

夏维奇:《清季电报的建控与中外战争》,《历史教学》2010 年第 7 期。

易惠莉:《中国第一代实业家盛宣怀》,《江苏文史资料》第 77 辑,1994。

附录　盛宣怀办轮、电二局大事记

盛宣怀，1844 年 11 月 4 日出生于江苏武进，字杏荪，又字幼勖，号次沂、补楼、愚斋，晚年号止叟、思惠斋、孤山居士、须磨布衲、紫杏等。

1860 ~ 1861 年

太平军进军苏、常、沪、杭，随祖父盛隆避居盐城，辗转至时任湖北粮道的父亲盛康处。后因其父由粮道改任湖北盐法道，会淮、蜀争引地，宣怀私拟"川、淮并行之议"，被采纳。父勉其从事"有用之学"。

1867 年

是年，祖父盛隆在湖北去世，父亲盛康丁忧，护送祖父的棺木回常州。

因襄办陕甘后路粮台出力，湖广总督官文保奏，奉旨以知府尽先补用。

赴湖北广济考察煤矿，"乃知其地滨江"，考其志始知该山属官。

1868 年

7 月，盛家与顾文彬等合伙的第一家典当行"济大典"在吴县（今苏州）开张，生意好得出奇。典当行的日常管理由顾文彬的儿子顾承与盛宣怀负责。

1870 年

春，经杨宗濂推荐入湖广总督督办陕西军务李鸿章幕府，李派委行营内文案，兼充营务处会办。后奏调会办陕甘后路粮台淮军营务处，"嗣因克复洪岗等处贼寨"，经绥远城将军定安保奏，奉旨以道员补用，并赏花翎二品顶戴。

在晋、陕等省山川中跋涉，甘之如饴。"盛夏炎暑，日驰骋数十百里"，而不辞劳顿；草拟文稿，"万言立就"。"同官"固然"皆敛手推服"，李鸿章对他也刮目相看。

是年，随李鸿章淮军从"剿回"前线东去天津处理天津教案。

1871 年

夏秋间，直隶久雨不晴。永定河、海河、南北运河、草仓河及拒马河先后漫溢，畿辅东南几成泽国，造成数十年来未有之水灾。直隶总督李鸿章得知灾情后，派出官员前往灾区，盛宣怀一同参与赈灾，这是盛宣怀第一次参加赈灾活动。

1872 年

4 月，盛宣怀见李鸿章、沈葆桢在议复闽厂造船未可停罢折内皆以兼造商船为可行，即建议速办，李鸿章深以为然，命其会同浙江海运委员朱其昂等拟订章程，呈交江、浙督抚。盛奉李鸿章面谕，拟上轮船章程，主张办轮运以挽回航利，是为轮船招商局第一个章程。

8 月，奉李鸿章之命，"在沪密与各商拟议，实事求是稍窥底蕴"之时，适遇朱其昂，谈起轮船航运招股商办的意见，朱对此持否定态度。盛宣怀记述朱其昂的见解说："其见到处尤为切面不浮，轻而易举。惟朱守意在领官项，而职道意在集商本，其稍有异同之处"。

1873 年

1 月 14 日，官办轮船公局正式开始营业。

年初，轮船公局酝酿集商资商办。意欲活动商局总办，未果。

李鸿章的直属下级丁寿昌奉命召唐廷枢、朱其昂、盛宣怀等到天津筹议轮船局招集商股商办。盛宣怀意识到，招集股办轮船公司，恐很难按照自己的意思去做，而且招徕股商等事，非初出茅庐的自己所能承担得了，而招徕商股却是招商办轮船局成败的关键，于是借故不往。

盛在常州致书丁寿昌说："宣怀因足患湿气，一时未克来津，想云甫、景星诸君万难久待，谨先缮呈节略两扣，伏祈垂察，并乞密呈中堂。如蒙采择，宣怀不敢自耽安逸，必当遵饬先行合同和衷商办，稍有头绪，即赴天津门面禀一切。已事之商榷，较诸未事之空谈必有胜者。倘以所请概难准行，恐无以扩充，即无以持久。宣怀才疏力薄，深虑无裨公事，与其阢越于后，不如退让于前。明察如我公，必能为我斟酌出处也"。

6 月，丁寿昌致书盛宣怀说："尊函并条款三章，均呈中堂阅过。奉谕：唐景星既已入局，一切股份听其招徕，两淮盐捐似可不必。如阁下顾全大局，愿出综核，即在沪上与唐景星诸公面议公禀可也"。

7 月，轮船公局改为轮船招商总局，唐廷枢任总办，徐润、朱其昂会办。

8 月 7 日，公司迁至上海三马路新址，改名为轮船招商总局，同年设天津、汉口、长崎、香港等 19 个分局。

8 月，盛宣怀被札委为会办，兼管运漕、揽载。

是年，轮船招商局核定股本为白银 100 万两，每股 100 两，向社会招商入股，徐润附股 24 万两。为了实现招集商股的目标，盛宣怀认领了 50 万串商股，他先后两次到苏州与常熟，从他与顾文彬等合开的典当行中去提款，至上海轮船招商局去参股。

1874 年

4 月 8 日，贝锦泉来函推荐英国友人法乐，意欲任招商局保险行掌管，倘保险行不能，或当招商局总管各轮船之主事务亦可。盛宣怀亲笔批道："招商局总管拟用华人，保险局事，须俟秋中方有就绪，届时再当奉闻。"

是年，李鸿章为抗击日军，筹备了巨款，欲购买铁甲船。由于铁甲船尚未正式交货，李鸿章让盛宣怀将这笔总计 80 万串（合白银 54 万两）的巨额官款存于其苏州的典当行。此外李鸿章准允轮船招商局从直隶练饷局借用官款 20 万串（合白银 13.5 万两，年息 7 厘，除预缴利息外，实领 18.8 万串），盛宣怀将这些钱也存入典当行，并以 1 分或 1.2 分的年息转放获利。

是年，接到李鸿章密谕："中国地面多有产煤产铁之区，饬即密禀查复"，"中土仿用洋法开采煤铁，实为当务之急"。盛宣怀得以将自己"怦怦于中将十年"的湖北广济煤矿的开采付诸实践。

1875 年

5 月 3 日，盛宣怀密札曾在台湾鸡笼查勘过煤铁的张斯桂赴湖北武穴勘查煤铁，说："此举关于富强大局，幸勿诿延。"

6 月上旬，张斯桂向盛宣怀报告："阳城山确是官山，煤随处都有，亦易开挖，距江亦近。颇合制造局、招商局轮船之用"。

6 月 29 日，李鸿章同意开采阳城山煤矿，并函示须先集股本，酌议章程，与汉黄德道兼江汉关监督李明墀会同筹办，以取得地方支持；试办稍有头绪，再行推广。

7 月 24 日，在盛宣怀、张斯桂的努力下，在李鸿章等人的支持下，湖北广济武穴煤矿"设厂雇工开挖"。

10 月下旬至 11 月初，在天津拟定官督商办性质的《湖北煤厂试办章程八条》：（1）地势宜审也；（2）利权宜共也；（3）用人宜专也；（4）资本宜充也；（5）税则宜定也；（6）贩运宜速也；（7）界址宜定也；（8）销售宜广也。并送呈李鸿章。

11月中旬，拟《湖北煤厂改归官办议》一文呈李鸿章，请照磁州原议，改归官办，以抵制有人企图将鄂矿并归招商局。

是年，以"派赴台湾照料淮军营务有功"，官文保奏，奉旨以"道员缺出尽先题补"。

1876 年

1月15日，李鸿章、沈葆桢、翁同爵会奏，拟请委派盛宣怀会同李明墀试办开采鄂省广济、兴国煤铁，售与兵商轮船及制造各局。

9月上旬，应李鸿章函召由沪到烟台，参与同英使威妥玛议结"滇案"（马嘉里案）的谈判，签订《中英烟台条约》。

10月上旬，从烟台赶到上海与英员梅辉立谈判淞沪铁路拆除问题，定议于江宁，以28万余两购回英商所筑由沪达宝山、江湾镇至吴淞的铁路。盛对于后来铁轨弃置锈蚀表示惋惜。

1877 年

1月2日，与旗昌订购买其船产之约。核价定议，轮船、栈房及各处码头共计规银222万两。

1月上旬，徐润为归并旗昌事去武穴与盛商议。盛特以船多货少，洋商争衡为虑。随去南京，直至所提问题唐、徐"均有解说"，"始毅然请于幼帅以定此议"。此时，盛宣怀请于沈葆桢提出更换他的招商局会办之职。

1月13日，报李鸿章：济属试采煤斤已在盘塘设立总局，亲自驻局督办。

1月18日，朱其昂函告："招商局中主政为唐廷枢、徐润二君，局中事宜全仗景翁、雨翁，诏亦不过随声画议"。劝盛缓辞招商局差。

1月22日，上书李鸿章：购买外国之煤，利自外流，不如开采自产之煤，利自我兴。但咸丰年间所定税则不利与我平土煤成本以抑洋煤。欲平我煤价，必先平我税则，要求每吨减为税银一钱。

2月中下旬，致函李鹤章：望密请李瀚章准拨总局资本，采施、宜铜；并希函李鸿章挽留沈葆桢，使其勿辞江督职，俾利湖北矿务开展。

2月26日，抵江宁，领购买旗昌船产款项。

3月1日，为旗昌交盘之期。如期携银到沪，并为妥筹整顿招商局提出意见。

3月30日，赴沧州，见李鸿章，禀商招商局厘定章程及煤税事。

4月5日，由天津抵京，准备赴部验看。

4月7日，赴部引见。李鸿章推荐说：盛宣怀"心地忠实，才识宏通，于中外交涉机宜能见其大，其所经办各事皆国家富强要政，心精力果，措置裕如，加以历练，必能干济时艰"。

5月10日，领凭出京，仍拟回盘塘总局办理矿务。同日，抵天津，面晤李鸿章筹商事宜。

6月24日，抵盘塘总局。

6月，禀沈葆桢云：招商局蒙宪台奏请拨款官商合办，利害共之，大局转移在此一举，此后责任更重，不敢稍存恋栈之心，重速素餐之谤，仰恳批准销差，俾得专心开采免致兼营两误。呈请添派大员督办以一事权。沈批：该道明敏干练，才识兼优，湖北开采与招商局务两事，尽可兼顾。"即使李伯相准另派大员，亦须该道为之引翼。"

7月15日，李鸿章札："平波"轮船拨交湖北煤铁局盛道留局差遣。所有带船委员等人薪水、口粮，月需鹰洋一百零四元，从6月份起由煤局开支。其船价银两亦由盛道随后筹还。

7月22日，谕武穴首士郭在岐等：望广予招徕附近石灰窑等用户，以推销总局不适用于机器、轮船的存煤。

8月16日，李鸿章来函：称许"先煤后铁"的见解甚是。在指出鄂省矿务成败利钝动关大局的同时，告以鄂矿为"立足之地，大局自应在鄂得手，方为办理有效。专望鄂煤得利，渐次推拓，以为开铁张本"。

9月8日，李鸿章见盛对鄂矿动摇，因而来函鼓励盛在鄂开采做出典型，以便他处仿办；不同意无成效，"改而他徒"。

10月22日，盛因兴、济产煤均难合机器局、招商局轮船之用，令就近变价，以归还官本。但据报售销兴国煤，诸多困难，所售无几。

1878 年

1月，拟整顿轮船招商局八条：（1）官本应分别定息也；（2）轮船应自行保险也；（3）船旧应将保险利息摊折也；（4）商股应推广招徕也；（5）息项应尽数均摊也；（6）员董应轮流驻局经理也；（7）员董应酌量提给薪水也；（8）总帐应由驻局各员综核盖戳也。

2月，以湖北开采煤铁总局名义买得大冶铁矿山。

8月31日，李兴锐、郑藻如致函称，盛绸缪全局，力创其难，江汉数千里躬亲履勘，冒涉炎暑，一切调停筹画，费尽苦心。凡属同志孰不拜服到地。

9月9日，接李鸿章札，批准所请委派李金镛为矿局总办，周锐为提调，自己因时有别项差委，不能专顾矿务，但仍随时会督妥商办理。

11月16日，请假自天津回，27日抵苏州。岁杪去盘塘局。

12月，夫人董氏逝世。

是年，写信禀李鸿章说自己在招商局"无权"，为了"保全创局惟冀荐贤自代"。实际上，是以退为进"坚请"任招商局督办。

1879 年

4月26日，自湖北回上海。

5月上旬，就湖北煤铁矿事禀告李鸿章与鄂督李瀚章，说自愧菲材，暗于谋始，以致艰于图成。谨拟两策：（1）如仍归官办，拟请在制造、海防项下每年拨款，以煤熔铁，以铁供制造，联为一气。前五年用款，制造局奏销。（2）截止官本，另招商股，遣撤洋匠，专办煤矿。已用官本，就截存之官本生息弥补。

5月27日，李鸿章批准同意荆门、大冶矿商办；撤销盘塘总局。

6月上中旬，接李鸿章批复后与李金镛共同拟《湖北荆门矿务招股简明章程》，议定招集商股十万两。

6月28日，向李鸿章汇报荆门、大冶煤铁两矿，经勘定确有把握，经费难筹，拟先用土法，试办荆煤，辞退洋匠，所需资本，招集商股先行开办。前领官本，一律截止，以清界限，将截存直、鄂官本交江苏、汉口各典生息，以每年利息弥补动缺官本。

11月，开通风气自任，辄垂问商榷。盛认为欲谋富强，莫先于铁路、电报两大端。路事体大，宜稍缓，电报非急起图功不可。李鸿章惧然曰："是吾志也，子盍为我成之！"盛唯唯。随即架设津沽电线，是为办理电报之始。

1880 年

秋，商请北洋大臣李奏请津沪陆线，通南北两洋之气，遏洋线进内之机。开始津沪电线的设立。天津电报总局成立，盛任总办，郑观应任上海分局总办。

10月，在天津设立电报学堂，由丹国招雇洋人来华教习电学及打报工作。

12月，荆门矿务总局续订招股启事。原招商时先入股四成，试办一年，兹已逾期。说荆门煤矿质地最佳，甚合兵轮之需，亟应广筹开采，隐寓自强之机于万一。然股本不足，惟愿有心世故者，赶凑股分，以成公私并利之举。

是年，详定《开办自津至沪设立陆路电线大略章程二十条》。王先谦等人弹劾招商局营私舞弊案。李鸿章准盛暂时"不预局务"。

1881 年

1 月 28 日，李鸿章批准津沪电线大略章程。

3 月 5 日，薛福成与沈能虎函说："商局之件，杏兄被诬实甚"。

3 月 6 日，唐廷枢总结性地说盛在招商局经济上未曾经手，盛道"不能受不白之冤"。

3 月 7 日，给胡雪岩函，称招商局事权悉在唐廷枢、徐润二人，"若舍唐、徐而问及鄙人，犹如典当舍管事管帐而问及出官，岂不诬甚"。盛称此案为"莫须有之奇案"。

3 月 10 日，李鸿章上《查复招商局参案折》，为盛开脱。

6 月，丹国电报公司提出《商议彼此电报交涉事宜六条》，取得海线上岸权。盛后来尽力收回此权。

9 月 2 日，再向李鸿章禀：湖北矿务开局以来，收支尚不敷钱六千四百二串二百六十七文，统由盛尽数垫赔，历经造具清册详报在案。

9 月 19 日，李鸿章对盛等办理荆门矿不善的狡辩批评说："该道等尚谓办理不谬，于事有益，人言冤诬，何其昧昧若此！……何其好为大言。……业经批饬，酌筹裁撤。"

10 月 28 日，李鸿章札盛令赶速裁撤，勿得借词宕缓，煤运完立即禀销关防。荆门矿局随即撤销。

冬，津沪陆线工竣，请改为官督商办。拟《电报局招商章程》，说中国兴造电线，固以传递军报为第一要务，而其本则尤在厚利商民，力图久计。李鸿章奏派盛为督办。由此，商股大集，分期缴还官本，电报局遂与轮船招商局合为官督商办之两大局。

1882 年

4 月 23 日，关于轮船招商局参案，李鸿章据郑玉轩、刘芝田、李兴锐查复无事，上《复查盛宣怀片》说：该道前派会办招商局，订明不经手银钱，不支领薪水……嗣以屡次代人受过，坚辞会办……臣叠经严加察考，该员勤明干练，讲求吏治，熟习洋情，在直有年，于赈务、河工诸要端，无不认真筹办，洵属有用之才，未敢稍涉回护。

4月，郑观应等禀江督左宗棠，请设自沪至汉长江电线。

春，乞假赴苏探视父亲盛康，并往来沪、苏、常间，料理家事。盛这时回忆过去办矿亏损甚感委屈，与人书云："五年艰苦，屡濒于危，十万巨亏，专责莫诿。地利亿万年，暂置之犹可望梅止渴，竟舍之则泼水难收。天理人心，昭昭如揭。原拟俟东海得手，分资派员，先办荆矿，俟煤可供用，而冶炉反掌可成矣。"

8月，朝鲜发生壬午兵变。李鸿章在籍丁忧守制，被召，部署军事，赴烟台，路经吴淞口，盛登船迎接并随同赴烟台。不久李受命署北洋通商大臣，函招盛销假回津。

9月，英大东电报公司请设港沪海线，其间各埠架设陆线。总署驳回。

冬，清政府正式将电报机构命名为"中国电报总局"，盛宣怀任督办，负起与外商交涉电线侵权的任务。英、法、德、美各国请设立万国电报公司于上海，拟添由上海至广东各口及宁波、福州、厦门、汕头海线，盛宣怀要求劝谕华商自设以争先，李鸿章遂派盛宣怀至上海，次第开办。禀李鸿章，反对英、法、德、美在上海设万国电报公司添设自港至沪海线，认为这"既与批准大北公司成案不符，亦与公法自主之权有碍"。

是年，盛等禀李鸿章，请设苏、浙、闽直达广东电线，说：凡欲保我全权，只争先人一着，是非中国先自设线，无以遏其机而杜其渐。自江苏、浙江、福建以达广东，与粤商现在所办省港旱线相接；并奏明请旨饬下该四省地方官予以照料保护。谨拟章程十二条。

1883 年

1月18日，李鸿章准照所议招商接办沪粤陆路电线，并严饬沿途各地方官一体照料保护，勿使稍有阻挠损坏。

3月31日，中国电报总局与英大东议定《上海香港电报章程十六条》，规定：（1）大东遵照同治九年原议，安设港沪海线，线端不得上岸，只能设于泵船上；（2）线端做到大戢山岛对面之羊子角。

春，越南边防紧要，朝命李鸿章驻沪，统筹全局，再定进止。盛参与机宜，靡间昕夕。

4月23日，禀闽浙总督何璟，建议拆除厦门丹线，以免英国借口，达到拒英线上岸的目的。

4月中，大东翻议，要求改在吴淞接线，并在汕头、福州上岸。盛宣怀与其上海代办滕恩谈判并驳回其要求。

4月28日，盛认为，大东之所以翻议，是因为大北有陆线由吴淞达沪及在厦门有上岸之线。因此，他函禀闽浙总督何璟：现丹商所称厦门线端系自海滨岸边由地下水线直达屋内，虽与私立旱线有别，然已牵引上岸。如不理论，恐他日英商水线延及福州、汕头，亦必援照由地下引至洋房之内，届时难以拒绝。

5月7日，中国电报局、英国大东公司会议订立福州电线合同章程九条。

5月19日，中国电报局与大北签订淞沪旱线合同。中国缴银三千两，大北将淞沪线交中国。

6月，同意大东公司将电线展至川石山。

春夏间，盛以闽粤等处电线道远费繁，法越事兴，市面清寥，商股观望，不得已，暂挪金州矿款以济急需。矿电商股，皆盛所招募，以矿易电，商所乐从，股本无虑亏耗。而部议谓为办理含混，铺张失实，科以降级调用处分。时左宗棠方奏保盛才堪大用，奉旨以海关道、出使大臣交军机处存记。事下南北两洋，会同查覆。经曾国荃、李鸿章奏办，有"苏、浙、闽、粤电线所以速成者，皆该道移缓就急之功，于军务裨益尤大"等语。旋得旨宽免降调分处，改为降二级留任。

8月，李鸿章回直督署任，盛随同抵津。

法越事起，北洋海防吃紧，沿海七省戒严。李鸿章函商译署，议设海部，兼筹海军。盛缮具条陈，请考查德、日二国办法，分年筹款，逐渐添船，为经始根本，得到赞许。

11月2日，因滕恩提出川石山风浪甚大，线端要改地，乃会同滕恩航海去福州。第三天抵闽，察看川石山形势。

11月19日，与大东续订福州电线合同。准大东将海线引至川石山海岸，准租小屋一所以安线头，但不得在岸上立电杆。至此，将大北、大东侵夺的电线权利收回。

11月，招商局受上海金融风潮影响，徐润、张鸿禄等亏欠额巨。遵李鸿章之命筹议整顿招商局大略章程。李鸿章批曰：总办宜各有责成。已另饬郑观应于揽载之外，会同唐、徐二道总办局务，其提纲挈领调度银钱大事应令盛道暂时会同郑、徐二道秉公商办，俟唐道回沪后，再随时察酌饬遵。盛道在沪日多，应令随时随事就近稽查商办，该局嗣后有关兴革变通之事，郑道、徐道等仍须与盛道商定会禀。不得稍有诿卸。从此盛重返招商局。

12月，法国侵略越南，和中国的战争爆发。

1884年

4月下旬，李鸿章札转致户部咨文内称：湖北开矿亏折直隶练饷钱十万串，应责成盛一人赔偿，不得以官款生息弥补；又盛经手苏典练钱生息有两笔，一笔减息二厘，一笔不减，难保无掩饰腾挪之弊。

5月10日，闽督抚何璟、张兆栋奏调赴闽重用。李鸿章上《奏留盛宣怀片》，称盛宣怀精明稳练，智虑周详，于交涉重大事件，洞悉症结，是以经办数事，刚柔得中，不为挠屈，历著成效。今之熟悉洋务者，往往于吏治、民生易生隔阂，究之洋务与吏治，不应分为两途，盛宣怀施措咸宜，经权悉协。李鸿章曾保荐他堪胜关道，兼备使才，如试以通商繁剧之地，历练数年，当能宏济艰难，缓急可恃。盛宣怀认为李鸿章是他毕生第一知己，更加感激自励。

6月5日，唐廷枢来函云：徐润的雨记房屋尚无受主，所该局帐现奉严谕提产归款，此间各钱庄亦留弟帮同料理，目前尚无头绪。

6月，天津海关道周馥病假，李鸿章推荐盛宣怀署理。摄篆四阅月，"因法事上书"而去署任，李鸿章对此"时以为屈"。

6月，闽粤陆线竣工，沪港可直通电报。丹公使谓碍彼利权，盛折以中英两公司有约在先，港地与丹无涉；又讽大东行主勿为丹人所愚，致爽前约。

驻津英领事翻译详询章程，盛又以"电线由中国自主，英商只须查照合同办事，不应过问详章"答之。

7月上旬，写信给阎敬铭诉说试办湖北煤矿被指控，系无中生有之事，并说："侄自李傅相奏调十四年，差缺赔累，祖遗田房变卖将罄，众皆知之。今再被此重累，恐欲求吃饭而不能。父年古稀，无田可归。从此，出为负官债之员，入为不肖毁家之子。"

7月31日，中法战争中，马建忠将招商局各码头局栈轮船全盘售与美国旗昌洋行，以便船照常行驶，得到盛同意。但只有杜卖明契，未立买回密约。

9月4日，徐润向盛宣怀诉说亏欠招商局款情况，房地产契抵押，几次议价未成，请代为陈情，暂准宽展限期。俾将产契向亲友抵借。倘告贷无成，代为乞恩，准其仍以各项产业暂抵局欠，免其置议。

11月12日，电报局与大北电报公司为由琼州至雷州安设海线订立合同。

1885 年

1 月，徐润、张鸿禄由于亏欠招商局款，一并被革职。

2 月 4 日，关于湖北煤矿亏款，自认赔贴制钱一万串，连同垫用制钱六千四百二串二百六十七文，共赔一万六千四百二串二百六十七文。

6 月 9 日，中法《越南条款》签订。

7 月 28 日，招商局向汇丰银行订借款三十万镑合同，借款主要用于向旗昌赎回船产。

8 月 1 日，受命任轮船招商局督办。订立招商局向旗昌洋行赎回局产契约。因售与旗昌时未立买回密约，盛宣怀费了很大气力才将局产赎回。

8 月，因总理电线，成绩卓著，李鸿章特疏请奖。奉旨以海关道记名简放。

9 月 23 日，李鸿章上奏表扬盛："该员才具优长，心精力果，能任重大事件，足以干济时艰。"

10 月 24 日，"总理海军事务衙门"成立。

10 月，自津至苏省视父亲。

秋，南北两洋又奉寄谕，加意整顿招商局，盛顺道至沪，通盘筹议具复，拟请先将该局运漕水脚，照沙宁船一律，并准回空货船免税，俾获赢余，分年还债，借纾商困，而杜外谋。李鸿章、曾国荃据以上达，得旨分别议行。

是年，拟招商局理财十条。

1886 年

1 月，招商局、同文书局订立抵押合同。徐润开设的同文书局房地产业、机器、石版、药水，原存《图书集成》两部，各项殿版书籍，所买许道台书画及印就各书，并徐雨记原抵商局基地契据，全数抵押招商局规银十万两。

3月，招商局、怡和、太古三公司订齐价合同。1883年3月三公司所订为期六年的齐价合同因中法战争中断执行，此次是恢复重订。

4月，拟《内地设轮船公司议》，说：近年来外国富强，无不从通商始，口岸通商，人与我共之，内地通商，我自主之。故欲求中国富强，莫如一变而至火轮，设一内地快船公司，与招商局相为表里。

5月17日，醇亲王奕譞到天津巡阅北洋海防，盛宣怀与黄花农往"海晏"照料。

6月，醇亲王巡阅北洋水陆各营，盛以随同经理轮电各事出力，奉旨从优议叙。

7月，简授山东登莱青兵备道兼烟台东海关监督，是为正任道官之始，但仍办轮、电事居多。

9月28日，致李鸿章函：去夏收回旗昌轮船赴沪之日，蒙密许津关道周馥升任时尚可栽培。"宣怀非木石，岂不知利钝悉出栽成"。表示不应粤督张之洞之招说："谁肯以丑恶无益之干求，商诸爱憎无常之大吏。"以示一心一意追随李鸿章左右。

11月9日，上李鸿章禀：东海各口，南与江苏盐城毗连，北与直隶盐沧毗连，所辖一千三百余里，大小海口一百余处，而水深七八尺可驶浅水小轮者约有十余处；建议在山东省发展内河小轮船航运业。

12月2日，招商局进行严格分工，规定将流水月总寄交盛道复核，汇造季总呈送李鸿章。

12月8日，李鸿章来函，同意内地设小轮船，别其名曰"内地华民轮船"。

12月19日，致东抚张曜函，告以到烟台后即募匠试铸银元，说是"总以钱可适用银不亏耗为主"。两年后打算制钢模大批铸造，李鸿章指示以此事"造端宏大"，缓办。

是年，山东济阳、惠民等处黄水为灾，情形极苦，盛宣怀等就招商局与怡和、太古、麦边各洋行轮船公司议于搭客略增水脚，俾助赈款。

1887 年

2 月，与马建忠禀山东巡抚张曜发展山东内河小轮，得到批准。随后山东内河小轮通航。

7 月初，荣城县海岸有"保大"轮船失事，村民乘危捞抢。该处境内海线广袤，岛礁林立，航行偶一失事，居民肆掠，相习成风。因具禀抚院暨北洋大臣，请重申总理衙门奏定保护中外船只遭风遇险章程，并酌议新章六条，并设拯济局。

7 月 7 日，电局与丹国大北、英国大东三公司会订电报齐价合同九款。

7 月 16 日，中国电报公司督办盛、美国传声公司米建威签订设立电话合同四款，规定不得传字致碍中国电报权利，至于电话线路、地点等均以维护主权为原则。盛识破美商"初欲造德律风以夺我电报之利，继欲改设中美银行仍愿以出售德律风股票余利分别报效贴补"，以达渔利目的。美商未能如愿，中止。

10 月，拟招商局粤省设内地江海民轮船局章八条。

11 月 4 日，两广督宪催办粤省设内地江海轮船公司，盛派人前往西江等内河测量水之浅深、宽窄，做好开航准备。

是年，禀李鸿章：不同意马建忠让美国设电话杆线的主张，认为与英、丹争之数年而始定者，复一旦失之于美，其贻害何止夺吾之利，将来必致归咎于创议之员；表明保护中国电线、电报权利是始终不渝的。

1888 年

2 月 7 日，与马建忠等禀李鸿章：应广泛发展内地小轮船，以便利进出口物资。

5 月 23 日，致沈子梅函，说李鸿章信任马建忠，"似已不放心敝处"。"眉叔宪眷日好一日,局务意在责成一人。弟亦将若赘疣,昨以三年期满禀辞,请另派督办。"

5月31日,签订购买日本商人田代助作电碗等器材的合同。

8月18日,与世昌洋行订立购线等器材的合同。

8月,驻津法领事林椿奉其政府命至烟,会同盛商订滇粤边界与越南北圻接线事宜。

9月10日,台湾船合于招商局,盛保十年无人另树旗帜。李鸿章意:暂由招商局代理数月,试看盈亏,再与台抚刘铭传商定分合。招商局搭股二万,盛自搭股一万。

9月27日,致电李鸿章,拟到外洋请一头等矿师,打算大举勘查和开采五金矿藏。

11月,与法订立条约,经李鸿章奏准。

1889 年

3月23日,代表电局与洋匠葛雷生订立雇用合同。

6月6日,台湾抚院咨北洋大臣:台湾商务局前经招集股银三十三万两,台林绅认招三分之一,招商局盛认招三分之二。购"斯美""驾时"快轮两号。台船与招商局"外合内分"。按外合内分原则拟定《台船大略章程》十条。

7月29日,与日本田代签订购买日本电碗五万个、铁钩五万付、象皮圈五万付等器材的合同。

8月5日,与德商泰来洋行签订购买七号旱电线四百吨合同。同日,与德商泰来洋行订立购买小块硬白铁一千担合同。

8月7日,与上海信义洋行德商李德签订购买住友牌铜板三千担合同。

8月12日,与天津瑞生洋行订购买电线等合同。

12月上旬,与张之洞会晤于上海,谈关于创办汉阳铁厂事。盛拟订创办铁厂章程，主张招集商股商办，与张之洞的官办主张相左。

12 月，上李鸿章禀帖：招商局费用之最巨者，莫如用洋人与洋煤两宗。"窃思借助于彼族，不如求材于内地。"主张自办轮船学堂，自己广开煤矿，以节糜费。

是年，粤督张之洞不同意与法国接滇粤、越南边界电线，致函译署，谓此线益彼损我，实不可行。盛抗言中法接线原为借收通报利益，助滇粤官局养线之需，但能坚守约章，自属有利无害；设两国有事，法水线随地可通，无借此线，可不必虑。今珲春、海兰泡欲接俄线，彼方刁难，现法接旱线，俄必较易就范，于电务大局有益；且英、丹、日皆与我接，何独拒俄？是约定后，果不逾年而中俄接线草约成。

是年，开始用"以工代赈"之法，整治山东自历城至寿光县历年泛滥成灾之小清河。殚三年之力，疏浚河道四百余里，两岸农田受益甚大。

1890 年

年初，怡和、太古与招商局齐价合同届满，又开始削价争衡。

2 月，李鸿章奏，徐润招商局亏欠已赔垫结案，请将二品衔已革浙江补用道徐润准予开复。

3 月 16 日，张之洞致李鸿章：盛道前在沪具一禀，所拟招商股办铁厂办法与鄙见不甚相同，"商股恐不可恃，且多胶葛"。

3 月 24 日，密请李鸿章与总署、户部酌加厘金，贴补商局以与怡、太角斗。

4 月 5 日，致汉口招商分局施子卿函：对怡、太要有充分认识，"既防太古明与倾轧，亦须防怡和暗中损我"。

10 月 30 日，致谢家福函："天生大才，既厄之以遇，又厄之以病，皆彼苍之过也，世道之忧也，朋僚之咎也，鄙人之谬也……朱静山近与眉叔不和，拟请综理仁济和公司，岁有三千金，事不甚繁，并可调和盛、马，不使十分决裂，实为维持中国商务之大端。"

11 月 28 日，致总署大臣张樵野函，对于马建忠以招商局主要负责人兼综宁海金矿与机器织布局二事，提出不同意见说："恐心志稍纷"，并说："弟智不及眉叔之半，俟明年与怡、太齐价合同议定，稍有转机，即当禀求傅相另委他人接办，以免隳越。"表明盛与马矛盾很深。

1891 年

3 月 5 日，筹备俄储至烟台的接待，请示李鸿章，李电复云：俄储至烟，距京近，"此系代国家款接，不可寒俭贻讥，潮馆门面宽敞，街道宜修好，队伍尤要精整"。

3 月 8 日，盛致函镇江招商分局总办姚岳望说：长江"野鸡船"日多，今年太古作梗，合同不定，开河以后势必互相跌斗。镇局亦须振作精神，与沪汉各局时相斟酌，以期竞争取胜。

5 月 21 日，陈猷来函：拟新成立粤港渡轮公司，以与怡、太争。盛意"恐与大局有碍"，陈乃嘱其兄霭亭停招渡轮公司股份。

7 月 6 日，与马建忠矛盾日益尖锐，与人书说：近日商局经马道亏挪，并有移花接木之事。

9 月 21 日，致在招商局任会办的亲信沈能虎函："眉叔屡言兄与诸君不能商筹公事"，要沈改正缺点，团结局员，以便取马建忠之位而代之。不日马建忠离局。盛、马争斗以盛胜结束。

10 月 18 日，函告沈子梅、谢绥之：马建忠离局以后，撤去马的亲信王子平、沈卓峰、周锡之等人。

10 月 23 日，与人书云：招商局一败于徐，再败于马；反对马建忠请借银百万另办一纺织局。

11 月 6 日，致陈辉庭函，商议与怡和矛盾问题，认为分数彼要比去年冬议多三分，"弟断不能允，宁可亏本再斗，决不能为大局失此体面"。

11 月 8 日，致陈辉庭函，为与怡和"齐价合同"事，提出二策：

（1）长江准其不减，天津亦不加；（2）天津加二分，长江现减二分，候其添一大船即加还他二十七分。他说本局局面虽不在乎二三万，而面子不能不顾。

11 月 21 日，致陈辉庭函：请将我实在主意切实告知怡、太两家，如若它们不让步，我即赴津京请将漕米归本局包运，再请海军衙门将土药厘金酌提二十万两一年津贴商局，这样，"虽一百年亦不再议和矣"。

是年，马建忠离招商局后，谢家福亦因病离差，严潆、唐德熙、陈猷为商董，沈能虎为会办。

是年，长子昌颐在鄂参加顺天乡试，中举，从一品封典，并以正二品任湖北候补道、湖北德安府知府。

1892 年

2 月 11 日，致李凤樨、严芝眉、陈辉庭函说：尚有施子香在"江平"轮船，因眉翁前欲安置亲戚，撤去其差。至此，马建忠在招商局的亲信和势力基本上被撤除。

3 月 26 日，与上海信义洋行订立购买电线等合同。

4 月 29 日，致招商局会办函：注意与太古通融，以便联合压制"野鸡船"。

5 月 24 日，致严芝眉函：马建忠一路人总说招商局招徕不及从前，搭客尤吃亏，此皆无稽之谈。然不可不使人明白，拟将本年正月起每船每月搭客做一表帐，须查前三年逐月逐船比较。以后坐舱功过亦可以此定断。这表明盛宣怀决心做到招商局盈利超过马建忠在任时。

5 月，致陈敬亭函，告以遇有"野鸡船"争竞，则联合三公司以斗之；遇有太古暗中损我，则尤当自己与客人暗中迁就。总不可比较怡、太分数太多，以长他人之气焰。

6 月，从登莱青道调补天津海关道兼海关监督，7 月到任。沈毓桂贺诗六章，说天津为"运筹帷幄之地"，"上佐爵相调剂中外之情"，"得心应手，固应裕如"。

夏，怡、太争竞愈烈，招商局股票跌至六十两。乃函请郑观应来烟台商谈三公司和局事，拟请郑重入商局以事整顿，加强竞争能力。

7月，致陈敬亭函：现在三公司毁议，应联络客商，以广招徕，摒弃太古。

9月25日，马建忠来函云：他日后有四策，随从主人为参谋，不出头，不做官，上策也。随从康节公到台当差，次策也。向主人等借款自为营运，中策也。乞怜回局，下策也。别求局差为无策也。

9月27日，与天津瑞生洋行订购买十二吨六重三心水电线合同。

12月6日，委郑观应为招商局帮办，是日郑从广东来到上海，莅局视事。

12月7日，致施子英函：生意之道，以要结客心为主，棉纱匹头归怡、太装载，而不议涨，药材伊不装者，独议涨价，名为抵"野鸡船"，实则使我受恶名，而彼得实惠，计甚狡毒，应与竞争。

是年，在格致书院学员王益三关于邮政问题的文章上眉批：中法之战，因中国未兴邮政，法船书信皆在洋馆递寄未能阻绝，若中国早兴邮政，收回各国书信馆，法人即无从寄信，军机迟速败胜所由，关系不小，不独自收自主权利而已。表现出挽回邮政权利的迫切心情。

1893 年

1月12日，致函厦门招商分局王叔蕃，为在厦埠设立码头及创设泉漳两郡民轮驳船，发展那里的内河航运。

1月15日，郑观应拟整顿招商局十条，主要内容是开源节流，盛逐条加批语。

1月21日，王叔蕃接信后，随即前往谒见司道各宪陈托一切，当蒙许诺开设内河航运业。

1月23日，禀李鸿章札：添委道员郑观应会同沈能虎驻局以总其成。郑由帮办升任"会同办理"。

3月30日，派郑观应溯长江西上，稽查各招商分局利弊，以为整顿的依据。

4月5日，郑观应自汉口致书盛，告以张之洞的汉阳铁厂恐办不下去，请做好接办准备。

4月，招商、怡和、太古三公司重订齐价合同。与天津瑞生洋行订立购买电线器材合同。

6月5日，为太古违反齐价合同致函陈辉庭，要陈向太古严切诘问，何以又暗中跌价违碍定章，即催太古据实函复与之理论。

7月25日，致沈能虎等函：三公司查帐必须信得过公正细心之人，否则坚持不允。

9月9日，耶松洋行格勒士来函：愿揽购棉花机器。盛加以审查是否可靠再做决定，并不轻信洋人。

10月19日，上海机器织布局厂被焚，损失惨重。李鸿章以洋货纱布进口日多，此举断难停缓，亟应在沪号召华商另设机器纺织厂，以敌洋产而保权利。社会公认盛宣怀的财力、身份、势力最适宜担当织布局的规复之任。

11月26日，奉到规复上海机器织布局札委。

12月3日，由李鸿章奏明，在上海另设机器纺织总局，官督商办。拟订华商机器纺织公所章程。

12月8日，自津抵沪，暂寓上海电报局，从事规复织布局重任。与原织布局总办杨宗濂等协商，结束前帐，招股集资，很快有了头绪。改"局"为"厂"，命名为"华盛纺织总厂"，又劝告华商分设大纯、裕源、裕晋等纺织厂，下分十个分厂。李鸿章奏请以盛宣怀为督办。

12月，东抚上奏：小清河全功告成，推盛首功，传旨嘉奖。是河工程阅时三载，用镪七十余万，皆盛筹集。

是年，委天津信义行满德在英国劳得等厂购办纺细纱机一百十座，计四万零四十锭子，一切零件等运到上海码头交货。共计英金五万一千二百七十磅十六先令。

1894 年

2月17日，为新建华盛纺织厂事赴南京谒总督刘坤一。

3月，回津海关道任。

4月27日，华盛纺织总厂的建设接近完成。"神旅"号轮船已抵吴淞，载有六百箱纱锭，"巴拉梅"号轮船另载来五百箱纺织机器设备。

5月，李鸿章巡阅海军，盛奉饬随往，因病未行。

6月5日，禀南北洋大臣为华盛进口机器三年免税。

7月25日，日本发动侵略朝鲜和中国的战争。同日，盛宣怀致沈能虎、郑观应函：拟将津沪轮船六号明卖于怡和或汇丰，明立售约、欠银约各一张，暗立事竣还局密约一张，即"明卖暗托"。

8月7日，致郑观应函：局船除北洋不走外，长江照旧开行。同意将有些轮船归外商代理的意见。

8月25日，与天津瑞生洋行订购买电线等器材合同。

9月16日，华盛纺织总厂经过不到一年的规复重建，于是日投产。

9月，平壤之役，五弟盛星怀在前敌阵亡。盛忧劳愤激，一病几殆。

10月13日，致沈能虎、郑观应函：与英商元丰顺洋行斯毕士议售"求清"轮船一艘，拟定规银四万两，请郑观应、陈猷与斯毕士同赴奥国总领事署内签押过户，收银换旗。

10月23日，致沈能虎、郑观应函：与信义洋行李德议售"海琛"轮船一艘，拟定规银六万两，请郑观应、陈猷即与李德同赴德领事署内签押过户，收银换旗。

11月3日，郑观应第四十八号信说："礼和洋行四船（新裕、海定、丰顺、美富）业已交易换旗。"

是年，中日甲午战局已成，旅顺、威海相继沦陷。盛屡请起用前台抚刘铭传，廷意初不以为然，事急召之，刘不出。

盛上书枢府、译署，请募德弁，练新兵，购快艇，协助海军，当轴意少动。

奉委办理东征转运，甚棘手，有人诬劾盛以采买兵米侵蚀浮冒等。旋由李鸿章查复，奏称：前敌军米奏明饬由臬司周馥、道员袁世凯就近在奉天采买，畿防军米向由各统将自行购备，该道但司转运，并未经手采办，无从浮冒。至天津招商局北栈被火，所毁商米杂货，均系客商存件，并无官米在内，该道无从侵蚀。奏入，奉旨毋庸置议。

1895 年

4 月 8 日，致书郑观应，感谢所赠《盛世危言》四部，乞再寄赠二十部，拟分送都中大老以醒耳目。

4 月 17 日，中日《马关条约》签订。盛在"病榻拊膺长叹"。以宿疾频作，未老先衰，阴有退志，屡请开缺，不准。

5 月 2 日，以康有为为首的应试举人上皇帝书，要求维新，是为"公车上书"。

5 月 5 日，禀李鸿章：和议已定，社稷乂安，浮议只可置之不问，中国必须乘时变法，发愤自强，除吏政、礼政、刑政暂不更动外，户政、兵政、工政必须变法，"其转移之柄在皇上，而开诚布公集思广益之论，微我中堂谁能发之"。

5 月 8 日，请户部速开招商银行，归商办而官护持之。

6 月 7 日，致书郑观应，告以《盛世危言》一书蒙皇上饬总署刷印两千部，分送臣工阅看。

6～7 月，将去年"明卖暗托"于德、英等国洋行的二十艘招商局轮船全部收回。

8 月 17 日，致郑观应函：自七月十三日起仍照局、怡、太三公司齐价合同办理，以免猜忌争衡。换旗讼师费每船应照章五十两。

秋，请就光绪十一年所建博文书院原有房屋，设头等学堂，又另设二等学堂一所，使学生递相推升，与曾充教习之美国驻津副领事丁家立商订课程，以切近易成、循序渐进为本旨，倡捐巨资，宽筹的费，禀请具奏立案，克期开办，即所称北洋大学堂，是为盛宣怀办理正规学堂之始。该校延华洋教习，分教学员天算、舆地、格致、制造机器、化矿诸学，是中国第一所工业大学。

冬，因华盛纱厂及电报水线事，借差回沪就医。

1896 年

2 月 18 日，江督刘坤一来电说：闻公在津新设学堂，章程甚佳，即祈抄示全卷，以便将来仿办。

2 月 23 日，张之洞有意要盛承办铁厂，盛电告张之左右手恽莘耘表示：愿承办铁厂，拟于下月送李鸿章出洋后，到鄂勘议。如张之洞意定，必当竭力为国家筹计远大，决不存丝毫私见。

3 月，刘坤一招赴江宁，商议新政条陈。随后张之洞约往湖北，商议铁路、铁厂等事。遂奏准由盛宣怀接办湖北汉阳铁厂。

4 月 27 日，电直督王文韶：沿江查察各招商分局，今日到汉。鄂厂已糜五百万，但可设法补救。"宣系创始得矿之人，颇愿为之区画"。同日，向王文韶陈述办铁路的方针："权自我操，利不外溢，循序而进，克期成功。"

4 月 30 日，赴汉阳看铁厂。

春，禀两江总督刘坤一，筹建南洋公学。捐资于上海徐家汇购买基地，作为公学校址。此即今之交通大学原址。

5 月 14 日，奉张之洞札委督办汉阳铁厂。铁厂改归商办。聘郑观应兼任总办，以事整顿。同日，禀复张：中国办事最易纷歧，万一铁路所用钢轨等件，仍欲取材于外洋，使华铁销路阻塞，商局何能挽回。届时如果出现这种情况，请准其停工发还华商资本，仍归官办。

5 月 15 日，与人书云：铁政不得法，徒靡费，几为洋人得。张之洞属意宣，意甚坚，"若一推让，必归洋人"，故接办。

5 月 16 日，认为铁厂用洋人三十六名不务实，可知其整顿之难，更难于当年之招商局。

5 月 24 日，汉阳铁厂总办郑观应到任。

6 月 21 日，由鄂厂回沪。

7 月 27 日，禀王文韶、张之洞：铁路之利远而薄，银行之利近而厚。华商必欲银行铁路并举，方有把握，如银行权属洋人则路股必无成。闻赫德觊觎银行，此事稍纵即逝。希望"银行铁路应一气呵成"，将铁路、银行统于一手。

8 月，向政府提出开办银行的意见，认为开银行可以流通上下远近之财，振兴商务，为天下理财一大枢纽，故欲富民必自银行始。同月，写《铸银币意见》，认为：铸一两重的银元可以"徐禁他国银币不准通用，实系塞漏卮之一端"。

9 月 2 日，张之洞向清廷推荐，由盛宣怀督办铁路最为适当。因盛兼商业、官法、洋务三者之长。

9 月，奉上谕："王文韶、张之洞会奏请设铁路总公司，并保盛宣怀督办一折，直隶津海关道盛宣怀着即饬令来京，以备咨询。"随即遵旨入都。

10 月 19 日，皇上召见，奏对关于南北铁路事一时许。盛敷陈大指，皇上深维至计。

10 月 20 日，奉命：直隶津海关道开缺，以四品京堂候补督办铁路总公司事务，并被授予专折奏事特权。

10 月 30 日，被授予太常寺少卿衔。

11 月 1 日，上《条陈自强大计折》，陈练兵、理财、育才三大政，及开银行、设达成馆诸端。

11 月初，上奏《请设银行片》，说银行流通一国之货财，以应上下之求给，比之票号、钱庄要好。英、法、德、俄、日本之银行推行来华，"攘我大利"，近年中外士大夫亦多建开设银行之议。现又举办铁路，造端宏大，中国非急设银行，"无以通华商之气脉，杜洋商之挟持"。

11 月初，上奏《请设学堂片》，拟以上年津海关道任内所办北洋大学堂为楷模，在上海筹办南洋公学，"如津学之制而损益之"。

11 月 12 日，电告王文韶、张之洞：今因铁厂不能不办铁路，又因铁路不能不办银行。这就要铁厂、铁路、银行三者一手抓。同日，军机处面奉谕旨："银行一事，前交部议，尚未定局。昨盛宣怀条陈有请归商办之议，如果办理合宜，洵于商务有益。着即责成盛宣怀选择股商，设立总董，招集股本，合力兴办，以收利权。"

11 月 16 日，驰抵天津，与直督王文韶议设立铁路总公司于上海，天津、汉口设分局。

11 月，筹办成立中国通商银行，先集商股二百五十万两，招商局集八十万两。

12 月 3 日，告张之洞：炼钢需煤，现开平焦炭供不应求，不得已另派干员赴萍乡设炉，采煤自炼。此铁厂生死关键，势难全徇人情。

12 月 17 日，与日本商人永原壮二郎订购买电碗等电线器材合同。

1897 年

1 月 6 日，"铁路总公司关防"正式启用。

1 月 21 日，请户部发官款二百万两，存放于新办的银行，外人知有官款在内，足以取信，可与中俄银行争衡。

1 月 27 日，报告总署，银行名称公拟"中国通商银行"。

1 月 29 日，与日本商人平林专一订购买电碗等电线器材合同。

1 月，铁路总公司成立于上海。奏明先造卢汉干路，其余苏沪、粤汉次第展造，不再另设立公司。时各国商人先谋入股，继谋借款包揽路工。而京外绅商亦竞请分办他路，实则影射洋股与借名撞骗者各居其半。

盛宣怀通电枢、译、直、鄂，一律驳置不理，坚持先尽官款开办，然后择借洋债，再集华股，坚决反对招洋股。

同月，南洋公学基本建成。自任督办，聘何嗣焜任总理（校长）。向清廷建议在京师及上海两处各设一达成馆，学员专学政法交涉。

2月，比商至鄂，议铁路借款。就商于张之洞，金以比为小邦，重工业，但斤斤于购料趱工，无他觊觎。即阴附他国商股，我于条款内坚明约束，只认比公司不认他人，可无流弊。其息率视他国所索为轻，且允既以铁路作保，无须再用国家名义，磋议至四月初六日，始订草约。

3月，南洋公学达成馆未办成。乃招成材之士先办师范班，于是月开学。这是中国第一个正规师范学堂。

5月27日，中国通商银行上海总行开张。此后自夏徂冬，天津、汉口、广州、汕头、烟台、镇江等处分行陆续开设，京城银行本年亦已开办。认为今后自王畿以迄各通商码头，泉府机括，血脉贯通，或不尽为洋商所把持。

6月16日，铁路学堂归并北洋大学堂，派王修植兼管。

8月1日，请直督王文韶将军粮交商局轮装运，不得为洋船争揽，以保利权。

11月，德占胶州湾，盛电总署、南北洋，请以德曾属意之金门岛与彼交易，将胶口开放为商埠，与各国共之，以杜后患。且谓以胶畀德，祸更烈于以台畀日，不数年俄、英、法将效尤踵起。请亟练兵。

12月4日，建议总署将胶州电局移平度，以便照常营业使用，免遭德霸占。

12月24日，被补授大理寺少卿衔。

1898 年

2月，1897年10月与比签订的卢汉铁路借款草约，因胶州之役情势变迁，比欲翻议，借口东线将筑津镇路，延不交款，多方要挟。盛乃以卢汉、粤汉均将改用美款以慑之，几经磋磨，续议条件，并允加息，始未悔议。

5月27日，郑观应来密函，要盛抓紧轮、电督办职，说早闻有人谋轮船、电报督办之位，时事多艰，宜早设法对付。

6月11日，光绪帝下诏"明定国是"。戊戌百日维新从这一天开始。

6月12日，奉旨饬令各省会地方设立商务局，局为官设，不用商董。盛认为未免官与商视同秦越。

8月11日，卢汉铁路比国借款合同于五月初八日在上海画押。本日奉朱批："依议"。

8月，入觐，召对两次，命递练兵说帖，翌日由枢臣代呈。

同月，百日维新正在进行中，盛语人曰："吾辈遭遇圣明，千载一时，然不揣其本，不清其源，变法太锐，求治太急，朝局水火，萧墙干戈，忧未艾也。"

9月21日，戊戌维新失败。

10月24日，上军机大臣王文韶，建议将实在应办之事如用人、练兵、理财数大端，议定规模，参酌中西异同，分别年限，次第筹办。

11月18日，上庆亲王：铁路不要归交涉，而归商务。一归商务，可由中国造路公司与外国借款公司订立合同，准驳之权仍归政府，可消除许多后患。

12月7日，与日本订购淡水海线合同，议定英洋十万元。

1899 年

1月，赴大冶查勘铁矿，岁杪返沪。

4月7日，与日本制铁所长官和田签订煤铁互售合同。向日本买煤每年三四万吨，供应日本每年五万吨铁矿，以十五年为期。张之洞提出异议。

春，盛宣怀正拟北上就商译署及路矿总局明定办法，闻刚相忽因筹饷南下，先查轮、电两局款项，徐荫轩相国又言："轮船电报创立三四十年，获利不资，而上不在国，下不在商，所称挽回利权者安在？"

6月10日，经元善致郑观应函，说盛宣怀夺揽轮船、电报、铁政、铁路、银行、煤矿、纺织诸大政是"一只手捞十六颗夜明珠"，有务博不务精之弊。

7月，感到美合兴之约颇为狡狠，恐他时驾驭更难于比，思辞去他路，专心卢汉，以轻肩责。商之张之洞，张复电谓："美约不成，必为法占。若南北两干均归一国，如大局何！"不同意盛辞去粤汉路之责。

8月6日，复陈清政府，轮船、电报两局接办十三年半结存公积银九十万七千余两，以此添置轮船十三只，栈房二十七所之用，尚不敷银三十五万六千两。

10月6日，受到慈禧召见，问及是否可以多设制造枪炮局，盛宣怀认为不如就湖北局推广。不久，又奏递练兵、筹饷、商务等30条，其中推荐袁世凯新建陆军。

10月，军机大臣面奉谕旨："各口关税。如照现在时价核估，所增税项，实为筹款大宗。着盛宣怀、聂缉椝会同赫德查照条约，迅速筹办。"乃倡"税厘并征"废除厘金之议。这能做到华洋货平等对待，增财政收入，除中饱。于是年首先与英国代表谈判此事，但未能成功。

11月22日，给总署文：中国矿产至富，大利未收，烟煤焦炭用途最广，而东南各省多待济于日本，致使汉阳铁厂，轮船、纺织各厂局成本加重。各国讲求商务，总以出口之货抵入口之货为第一义，故宜大力自办煤矿，用先进技术开采。

11月，奏请招商试办德律风。奉旨："依议"。

12月，慈禧再次召见，面奉懿旨暂时留京，备随时商询要政。

是年，向德国礼和洋行借四百万马克，以加速萍乡煤矿的建设，用招商局财产作押。

是年，义和团运动在山东兴起，发展很快。东抚毓贤承认其为合法，以期达到利用的目的。

1900 年

1 月 25 日，慈禧太后特颁殊谕，为光绪帝立嗣，以达到废立目的。上海电报局总办经元善联合维新志士致电总理衙门反对，触怒慈禧，下令查拿。盛宣怀得悉，暗示郑观应、杨廷杲通知经氏远避。经元善于十二月二十八日挈眷潜逃香港转去澳门。慈禧令盛宣怀追查，否则唯盛是问。盛详奏此事与己无关，建议对经先行革职，另设法严密购拿。这就是轰动一时的"经元善案"。

3 月，有人谓电局利权太重，奏请遴员接管。盛宣怀疏陈历办情形，恳将所管各局、厂一律交卸，以让贤能，俾释负荷，保全末路。未获允准。仍留京会议洋货税则，并酌拟税厘并征事宜。

春夏间，义和团向津京地区发展，以慈禧太后为首的一些亲贵定下了照毓贤办法，利用义和团与列强决一雌雄的方针。

5 月 29 日，电告两广总督李鸿章："拳匪戕杨福同后，拆毁卢保铁路及半，法、比洋人二十余名尚未出险"，皆毓贤所造成。

6 月 5 日，电奏请降旨严饬"剿匪"，以杜外患。

6 月 12 日，分别致电刘坤一、张之洞，提出调粤督李鸿章督直的意见。

6 月 17 日，电天津荣禄：建议调李鸿章为直隶总督，说李督直二十五年，久得民心，威名素著，即调令督直，限十日到津，于平内乱、劝阻洋兵进京必能做到。

6 月 20 日、21 日，清廷先后连下两道诏书，命令各督抚"联络一气保疆土"和"招义民御侮"。21 日，与日本签订煤铁互售合同第一次续订条款。

6 月 24 日、25 日，先后电粤督李鸿章、江督刘坤一、鄂督张之洞等，发起"东南互保"。其总方针是：剿匪、护使、惩祸首、不援京师；

与列强互保东南，不受干扰。当即得到督抚们的赞同。他们称清廷二十四日、二十五日的诏旨为"矫诏"，不予奉行。

6月26日，指导沪道余联沅与列强驻沪领事订定《东南互保章程九款》：上海租界归各国保护，长江内地归各督抚保护，两不相扰。此后，盛尽力确保"互保"局面成功，并扩大"互保"范围至西南、山东等处。

7月8日，清廷下令调李鸿章为直隶总督、议和全权大臣。李随即由广州起程北上。

7月中旬，李鸿章到上海，盛与其密谈两天。李认为议和时机尚未成熟，决定由陆路北行，以拖延时间。在"密谈"中李对盛说了"和约定，我必死"的心里话。

8月8日，致浙藩恽莘耘函：东南全局极易动摇，力请保使剿匪。只望东南免荼毒便是圆满。

8月14日，八国联军攻陷北京。慈禧太后、光绪皇帝和一部分王公贵族仓皇出逃。

8月18日，请大西洋华总领事邀集各国领事会议，发给一信与修电线工员，面呈天津各国领事向各国统带发护照，俾各工匠迅速前往修理京津一带电线。

8月29日，与日本签订煤铁互售合同第二次续订条款。

9月15日，电北京庆亲王：昨接直隶布政使署直督廷雍电"已办匪目数名"。请速告各国，止其赴保之兵，一面饬廷雍实力自行剿办，免贻口实。

10月26日，中国电报局、大北电线公司订沽津北京陆线暂时办法合同。

秋，北洋大学堂为德军占领，学生避难南来，盛决定并入南洋公学肄业，并将头班毕业生资送出洋游学。

12月22日，奉旨补授宗人府府丞。

12 月 31 日，刘坤一来电：说盛应该"主持农曹兼入译署，方资展布"。

1901 年

1 月 5 日，被派充会办商务大臣（商务大臣为李鸿章），驻沪。

2 月 26 日，沙俄于 1900 年八国联军侵华期间，独自出兵中国东北，逼清政府在和约签订前与俄国签订要索多端超越和约利权的东三省专约，盛坚决反对，于是日电请荣禄"借各国之力牵制俄国"。

3 月 23 日，电李鸿章请坚拒俄约，说："万一画押后另有波折，师亦无以塞责。"

3 月，枢府意欲令盛宣怀入佐度支，袁世凯赞成甚力。慈禧谓荣禄云："今日看来，盛宣怀为不可少之人。"荣对曰："诚如圣谕，现在理财、交涉等事，仗着他处很多，目前交涉要紧，令其在上海办事，诸多方便，内用不妨且缓。"

3 月，枢府尝论：东南互保之功，皆谓无盛某维持策划，刘、张亦无所措手，何论余（联沅）道。慈禧深以为然。

5 月，拟复准法国顺化水线在厦门登岸。奏请筹款展造潼关至河南直隶电线，以备驿路传递要报。奉朱批："着照所请"。

6 月，工部侍郎缺，上意及盛。慈禧谓盛宣怀长于理财，俟户部有缺畀之。

9 月 7 日，《辛丑条约》签订。

夏，清廷电旨：饬江、鄂、粤三督会同盛宣怀议复银元币制。刘坤一、张之洞等均主七钱二分，盛欲参用衡法并主张铸重量一两之银元，故未列名。

9 月 18 日，电北京胡芸楣侍郎说：光绪二十五年冬奏准德律风悉归电局办理。现设军线，例应官还，若交洋人代办，诚恐从此效尤。

10 月 1 日，被授予办理商务税事大臣。任务是议办通商各条约，改定进口税制。清廷命一切事宜，就近会商刘坤一、张之洞，妥为定议；

税务司戴乐尔、贺璧理，均着随同办理。

10 月 31 日，有入外务部之说。电行在王文韶：外务部工作任重难胜，老亲尤难久离，如有以为言者，求勿上闻。

11 月 7 日，李鸿章去世。遗折由袁世凯继任直隶总督。盛宣怀也极力推荐，认为此任非袁莫属。清廷即日降旨任命袁世凯为直督、北洋大臣。

12 月 11 日，因赞襄和议，保护东南地方有功，被清廷赏加太子少保衔；并受命着手办理商约谈判事宜。稍后添派吕海寰为商约大臣，名列盛宣怀前。

12 月 12 日，与英、美所派商务大臣议约专使晤谈。

1902 年

1 月 8 日，慈禧太后、光绪帝回到北京。

2 月 20 日，被授为工部左侍郎。

3 月 10 日，开用"钦差办理商约事务大臣关防"。

7 月 1 日，与吕海寰偕英使马凯由沪启程赴宁、鄂与刘坤一、张之洞晤商商约事。

7 月 8 日，电外务部：葡萄牙索造铁路，意在推展澳界，图占香山，如不允所请，只能由葡借款筑造作为中国枝路，并须订立合同以清界限，而保主权。

9 月 5 日，在上海与英国签订商约画押。该约在内河航行权上损失尤大。

10 月 21 日，电外务部请统一规划铁路：各国铁路皆由自主，中国穷于财力借助外人，应先定干路若干条，由国家借款兴造。其余枝路应准华商筹款接造。今若各国择地请造，仍要中国还款方能收回路权，恐全球无此办法，中国独吃此亏。即互有利益，亦不能有碍干路权利。

10 月 23 日，电奏：招集华商创设内河轮船招商局，先购浅水轮船五号，在江浙等处试办，派同知朱冯寿等总董。以期在所订"商约"损失的内河航行权上，用竞争的办法挽回一些权利。

10月24日，父盛康逝世。电请开去各差缺，俾安心守制。旋奉谕旨："卢汉、粤汉铁路总公司及淞沪铁路筹款、购地、买料、修工事宜，仍着盛宣怀一手经理。"张之洞复力陈铁路不可易人。三辞不获。事实上其他一些差缺并未开去，改为署任。

10月，奏请在上海设立勘矿总公司。

同月，奏为上海设立商业会议公所，遴派总董，联络商情。调和于商与商、官与商之间，以便统一对外。

同月，派湖北铁厂总办李维格带同洋工程司去日本，转赴泰西各国参观有关工厂，究其工作精奥之大端，借他山之石以为错。

同月，请奖电局有功人员，说："用人之道，激其将来，必先勉其以往。"

11月12日，听说轮、电两局将派张翼为督办，认为如果这样，厂矿必致受挤，不得不恳求一气脱卸，以免溃散。

11月，袁世凯到上海乘吊盛康丧之机，与盛宣怀面谈轮、电二局事。盛答："船宜商办，电宜官办。"

1903 年

1月15日，清廷派袁世凯为电务大臣，原直隶布政使以侍郎候补吴重憙为驻沪会办电务大臣。

1月24日，袁世凯来电问：闻南洋公学已罢散，能否趁此停办或请南洋另筹款。

2月3日，不同意袁世凯停办南洋公学的意见，说：经费如果无着，拟将译书院、东文学堂及特班、师范班全裁，商务学堂亦缓办，留中院生六班，以二百人为度。轮、电两局原拨公学每年十万两，本年起遵即停拨。船局另捐之二万两，电局另捐之二万两。拟改充出洋肄业经费。

2月，去招商局督办职，袁世凯亲信杨士琦为总理，徐润为会办。

3月24日，接准直督电，到津面商恭办大差车务。27日偕同直督袁勘查车道。

3月29日，吴重憙正式接办电政局。

4月7日，皇上召见，命赏福字、匹头、饽饽、肉食。

4月，奉上谕："随同袁世凯、张之洞、吕海寰、伍廷芳会议商约事宜"。实际仍由吕海寰、盛宣怀二人具体负责。

10月4日，电外务部：反对奥、法吞并中国通商银行的企图。

10月8日，美国商约定议，遵旨在上海会同美国代表画押。同日，日本商约定议，在上海会同日使画押。在美、日商约订定的余隙，赴江阴为其父筑圹安葬。

10月17日，清廷降旨，赏加尚书衔。

10月25日，明确表示拒绝英国福公司"因矿而及路"的阴谋。

冬，日俄战争发生。清政府守局外例宣布中立，划辽河以东为作战区。盛认为无论胜负属谁，于我皆不利，乃与有关总督密陈安危大计。

1904 年

1月15日，与日本小田切万寿之助订大冶购运矿石预借三百万元矿价正合同，以冶矿等物产作押。

1月28日，向清政府表示：在日俄战争中，滇桂须防法，山东须防德，长江、西藏须防英。亦勿任"土匪"稍有蠢动，各省切须保护洋人财产生命，万不可碍及教堂，致使他国借口，祸生不测。

3月13日，函告陆伯葵侍郎：鄙见在日俄战争中，中国以兵力不足，惟赖各国互相牵制，须于胜负未分之际，派重臣先从美国下手，再与各国协谋如何处置东三省。同时将"赖各国互相牵制"的意见，告有关部院大臣。

5月10日，电外务部：币制必须自主，外人不得干预，以尊主权而免攘利。

7月2日，电告外务部：各国公司每于合同夹缝中力争权利，稍一放松，则数十年吃亏无尽，必须警惕。

11月11日，与葡萄牙签订通商条约。

1905 年

5月22日，被召见。面奉皇上垂询卢汉铁路工程及黄河桥工情形。

5月，服阕循例到京请安，召见三次。以京汉全路完工，引疾求退。慈禧太后谕："国家正值多事，汝系旧臣，不应出此。"

6月，密陈整顿卢汉铁路办法三端，其中着重谈了收赎问题，说借款还清，合同即废，行车进款可无外散。其中尤要者，有事之秋他人不能干预。

同月，上《东事阽危密陈部分折》，提出与其权利让一国独占，必致妨碍自主，不若利权让各国公共，可以永保自主。

7月27日，奉谕：着加恩在紫禁城内骑马。

8月20日，中国同盟会在日本东京成立，孙中山为总理。

9月，与德国在上海开议商约。

11月，遵旨自沪赴荥泽会同唐绍仪验收黄河桥工，并举行全路落成典礼。咯血病发，未及复命即回沪。

12月5日，电奏：上海铁路总公司请即裁撤，并归铁路总局唐绍仪督办，以一事权。

1906 年

2月13日，与日本三井洋行订一百万元借款合同，以汉阳铁厂物产作押。

3月，报交卸铁路差使裁撤上海总公司。督办铁路总公司事至此结束。

同月，清廷责成盛与英商磋商，废苏杭甬铁路草合同，务期收回自办。

4月，奏为各省矿务现经自办，请裁撤勘矿总公司，拨款专办晋矿。三月二十九日朱批：外部、商部知道。

初夏，至杭州西湖养病，未逾月，因义国商约开议，返沪。

9月，续请汉阳铁厂免税展限十年。1896年张之洞奏请获准免税五年，1901年盛请准展限五年，此为第二次展限。

是年，拟《轮船招商局节略》，回顾了自己经办三十年的成绩和功劳，揭露袁世凯接夺商局后经营腐败的情形。

1907 年

5月1日，与日本大仓组订借日金二百万元合同，以萍矿财产作押。

7月，禀庆邸：现办铁厂兼煤铁矿，成效显著；一手经办之轮、电两局，历年收回利权甚巨。至今邮传部特开一部实赖此以存国体。希望得到奕劻的支持。

10月，李维格从国外考察回来后，解决铁厂钢质含磷太多易裂的问题，建立新厂；萍乡煤矿建设颇有成效，乃赴汉阳验新钢厂，赴萍乡验大煤糟。看到"风声所播，商情踊跃"等情况，函商张之洞：拟将汉、冶、萍合成一大公司，以期保中国厂矿，挽回中国权利。

12月14日，向汉口正金银行借款三十万日元。

12月，奉旨："迅速来京预备召见"。力疾由汉北上，入对。慈禧谕曰："近为浙路发生风潮，或言英国要下旗撤使，或言百姓要抗粮拒官，特召汝来解此一结。"奏言："铁路借款不过一二英商之事，与国际无关；臣责其逾期，彼固无辞，何至酿成交涉，此不足上烦圣虑。江浙百姓驯良守法，必无抗官举动，但欲遵商办前命，以拒外者助官耳。恫喝之说，皆可勿听。惟既订约借款，不应再令商造，既废商造，不应又许借款，朝令暮改，失信中外。今后行立宪，正欲借民力以巩国力，倘逆用而不顺用，恐激成事变，外人将不责草野，而归咎朝廷，是宜加意。"
上颔之。

密疏详陈苏杭甬草约原案经历情形。十一月十一日奉旨："着随同外
务部妥筹办理"。

1908 年

1 月 27 日，准内务府传交恩赏江绸袍褂料各一卷。

3 月 9 日，被授为邮传部右侍郎，管摄路、电、航、邮四政。

3 月 11 日，谕令仍以商约大臣原差赴沪。陛辞时，慈禧问："何故
又要离京？"盛宣怀知此行非慈禧意，含糊唯唯而退。

3 月，上奏：为商办汉、冶、萍煤铁厂矿渐著成效，亟宜扩充股本
合并为一公司，以期推广，而垂久远。二月二十一日奉谕：着盛宣怀加
招华股，认真经理，以广成效。

将原用之"督办湖北铁厂事务关防"缴销，请部另铸铜质"总理汉
冶萍煤铁厂矿公司事务关防"，颁发开用。二月十一日奉旨：依议。

4 月，出都抵汉，诣铁厂考验炼钢、炼铁、拉轨、锤折诸法，两洋
工程司均极赞美，谓与欧厂无异而质过之。

6 月 13 日，向横滨正金银行借日金一百五十万元，以汉冶萍矿山等
作押。

6 月，邮传部奏请将电报商股由部备价赎收，股东以部定每股一百
七十元收赎太苛，拒不允，相持不下。盛宣怀以"上尊国体，下恤商
情"规劝双方，最后盛以拥有九百股的大股东身份，带头集股票，按每
股一百七十五元先缴，始得解决，电报局收归官办。

9 月 2 日，奏请给假赴日本就医，兼考察钢铁厂矿和银行各业。到
日本后为之诊疾者为青山、北里两医学博士。

11 月 5 日，听说光绪帝、慈禧太后先后去世，是日在日本神户"率
同领事馆等举哀成服"。随后即乘轮回国。

11 月 7 日，清政府正式批准"汉冶萍煤铁厂矿有限公司"成立，确定公司设在上海，由盛宣怀总负责。"汉冶萍"堪称"中国钢铁工业的摇篮"，是当时亚洲最大的钢铁联合企业。

11 月 14 日，汉冶萍公司向横滨正金银行借日金五十万元，以汉冶萍矿山等作押。

11 月 25 日，从日本返抵上海。在日本两个多月，考察了煤铁厂矿和银行、制币局，乃至文化教育等。

1909 年

1 月，靠逢迎慈禧太后、出卖戊戌维新派起家的袁世凯被撵回河南老家"养疴"。盛宣怀乘机进行夺回被袁夺去的招商局的工作。

3 月 21 日，汉冶萍公司向汉口正金银行借款五十万两，以汉冶萍公司汉口地产作押。

3 月 27 日，致函寓澳门的郑观应，请在广州找"同股兼同志者"列名公呈招商局商办，以反对袁世凯亲信、新任邮传部尚书徐世昌将商局收归国有的企图。

4 月初，上《推广中央银行先齐币制折》，附陈各种办法成式，及画一币制统归银行主办等条议。

8 月 15 日，轮船招商局在上海召开股东大会，选举董事会，盛被推为董事会主席，至此将被夺去的招商局又夺了回来。

8 月 18 日，电邮传部、农工商部：因现官邮传部右侍郎，而被商举招商局董事会主席，似不合体制，请辞。但清政府破例同意其任招商局董事会主席。

8 月，长子昌颐因时疫殁于沪第。

1910 年

3 月 29 日，致函吕海寰尚书云："弟久为项成屏逐"。言下之意，即袁世凯也有被清王朝所"屏逐"的一天。

5月3日，与人书云：袁世凯"颇不吝赏，惜皆援引私人。倘能化私为公，其凌厉无前之概，何难措天下于治乎！"表明盛、袁间的矛盾是较深的。

5月8日，致函孙宝琦说明自己大半生建树，说中国"有十个盛杏荪"就好了。函中说：创轮船与各洋商争航路；开电政阻英、丹海线不准越中国海面；建纱布厂以吸收洋纱布之利；造京汉以交通南北干路；恢张汉冶萍，以收钢铁权利……冒奇险而成兹数事。私乎？公乎？……试问天下有十个盛杏荪，实业便有数十件。可惜天下人才莫不鉴其吃亏，苦太甚，俱各援以为戒，竟无一人肯步其后尘！

8月4日，清廷因事敦促入都，遂电奏请觐，奉谕：来京陛见。

8月17日，到京，召见三次，博询时局要政，旋奉旨饬令赴邮传部右侍郎本任，并帮办度支部币制事宜。

9月10日，汉冶萍公司向正金银行借日金一百万元，以汉冶萍公司矿山等物产作押。

11月17日，汉冶萍公司向横滨正金银行借日金六十一万余元，以汉冶萍公司等物产作押。

1911 年

1月6日，替代袁世凯的亲信唐绍仪为邮传部尚书。李鸿章之子李经方为左侍郎，吴郁生为右侍郎。

2月，言官奏劾邮传部官办铁路滥借滥费，请饬查整顿，词连多人。盛宣怀不欲对部属事业骤加裁抑，仅先撤图书通译局、交通研究所，以节靡费。

3月16日，致电南洋高等实业学堂校长唐文治：尽力支持唐欲购买屋地添办商船学校的请求。

3月31日，汉冶萍公司向横滨正金银行借日金六百万元。从1908年春汉冶萍公司成立至此时的三年间，共向日本借款约一千二百万元有余，均附苛刻条件。

4月14日，电唐文治：同意另设吴淞商船学校，"腾出课堂添设邮科"之请亦同意照办。三个月后商船学校招生时，考生竟达二千余人，因"取额极隘"，又另开办商船学校宁波分校。

春夏间，与日本举行汉冶萍公司一千二百万元借款谈判，以便发展公司生产，并将自己在公司中的投资收回一些。为了不受日本过多的苛刻条件，盛做出同时向其他国家借款的姿态。但由于公司董事会不能通过，且铁路干线国有引起了保路风潮等原因，借款谈判暂搁。

5月初，复陈铁路明定干路枝路办法，认为其要尤在干路收归国有，迅速筹办枝路，则仍可由商民量力办理，此为处理铁路之要领。

5月8日，清政府内阁改制，"皇族内阁"成立。盛宣怀被留任简授邮传大臣。所有内阁总协理大臣及各该大臣均为国务大臣。

5月9日，上谕：所有宣统三年以前各省分设公司办之干路延误已久，应即由国家收回赶紧兴筑，除枝路仍准商民量力酌行外，从前批准干路各案一律取销。如何收回之详细办法，着度支部、邮传部遵此旨，悉心筹划。盛主张将先收归国有的川汉、粤汉铁路所招各股，改换官办股票，其有不愿换票者，有的给还股本，有的发还六成，其余四成发无息股票；川省路股实用之款，给国家保利股票，余款或附股或兴办实业，另行规定，不得由股东收回。

5月20日，遵旨接办粤汉、川汉铁路，接议英、德、法、美各银行六百万镑借款合同，本日定议签订。干线国有与这次借款，引起川、粤、两湖保路风潮。

5月，奏请邮政归邮传部接管，以归统一而名符实。四月二十八日奉旨："依议"。

6月，吏部咨开：奏准盛宣怀长孙盛毓常给予正二品荫生。

夏秋间，保路风潮从四川兴起后，广东、两湖也随之继起，清王朝处于风雨飘摇之中，保清派人士群起攻击盛宣怀。盛乃成为众矢之的。

10月10日，武昌起义爆发，随之各省相继宣布独立。盛宣怀与端方等人认为非请袁世凯出山率兵镇压不能平息起义。于是，盛一方面以老朋友身份电请袁出任统帅，答应所需各种条件；另一方面向清廷极力推荐袁承担镇压起义重任，但均无济于事。盛宣怀理所当然地被人民所反对，也成为清王朝御用机关资政院保清派的主攻目标。

10月26日，清王朝为平息众怒、稳住统治，将盛宣怀作为替罪羊革职，永不叙用。

10月27日，清廷任命袁世凯为钦差大臣节制鄂省水陆各军。

10月28日，逃离北京，经天津去青岛。日本顾问高木陆郎等随行。高木一直跟随左右，名为保护，实是监视和控制。

11月1日，袁世凯被清廷任命为内阁总理大臣，组织责任内阁。

12月14日，由青岛抵大连。

12月31日，由大连去日本。除日本人高木陆郎等随行外，儿子恩颐、重颐侍从。到日本后，傲居神户之盐屋山。

1912 年

1月1日，中华民国临时政府在南京成立。孙中山出任临时大总统。

逃往日本的盛宣怀，注视国内政局，也关心他多年经营的轮船招商局和汉冶萍公司等企业。

1月中旬，南京临时政府财政极为困难，拟以汉冶萍公司财产作抵押，向日本筹借款项，或用中日合办形式，以解燃眉之急；派何天炯为代表赴日，通过王勋（阁臣）将用汉冶萍公司筹款事告盛，盛在"义在容辞"的答话之余，提出"或由公司与日商合办"的意见，并云："合办以严定年限、权限为最要，免蹈开平覆辙"。

1月17日，孙中山通过他的代表告盛："民国于盛并无恶感情，若肯筹款，自是有功，外间舆论过激，可代为解释。惟所拟中日合办，恐有流弊"。至于盛被没收的财产，"动产已用去者，恐难追回；不动产可承认发还"。

1月26日，日本代表小田切说汉冶萍公司已无财产，不同意贷款，只能华洋合办。是日上海三井洋行与南京临时政府签订中日合办汉冶萍公司草约（称"宁约"）。

1月29日，小田切在神户将中日合办汉冶萍公司合同交盛宣怀草签（称"神户约"）。

2月12～13日，清帝下诏宣布退位；袁世凯声明赞成共和；孙中山向参议院辞职，推荐袁为临时大总统。

2月23日，孙中山来函："执事二月二以垂暮之年，遭累重叠，可念也。保护维持，倘能为力之处，必勉为之。现在南北调和，袁公不日来宁，愚意欲乘此机会，俾释前嫌，令执事乐居故里。"

同日，孙中山下令废除中日合办汉冶萍公司草约。这时用招商局财产向日本筹款一千万元，亦未能成功。

2月27日，致吕幼舲函："昔年轮、电商资官夺，已不合例，此次强汉冶萍为合办，招商局借巨款，共和攘力甚于专制。"

3月8日，复孙中山函："公一手变天下如反掌，即以一手让天下如敝屣，皆以为民也。惟中华之民穷困极矣，非洞开门户，大兴实业，恐仍不能副公挽回时局之苦心。侧闻公阅历欧亚，知足民大计，必从实业下手，路矿圜法尤其大者。与下走平生怀抱差幸不谋而合。"对孙中山"保护维持"家族财产，表达了"感泐尤深"之意。

3月10日，袁世凯在北京就任临时大总统。

3月13日，致张仲炤函："民国政府力推实业公司，汉冶萍、招商局几乎不能保全。幸赖项城之力。"就此共和统一，目前风已过去，以后实业必大兴旺。"故我辈不可不以保持已成为己任"。

3月15日，孙中山来函："实业以振时局，为今日必不可少之着。执事伟论适获我心。弟不日解组，即将从事于此。执事经验之富，必有以教我也。"

3月18日，致杨士琦函：在汉冶萍中日合约上"弟幸未签字盖印"，且于公司草合同末条声明：俟民国政府核准后，须股东会议决，方能知会日商。舆论哗然早在意中。

同日，致书王子展，说招商局"幸蒙袁总统主持保护。此皆泗州（杨士琦）之力，令人钦佩无地"。

3月22日，汉冶萍公司召开股东大会，取消中日合办草约。

3月30日，致孙中山函："钢铁关系自强，需本甚巨，华商心有余而力不足，恐非政府与商民合办不能从速恢张，以与欧美抗衡也。"

4月1日，孙中山正式辞去临时大总统职。

5月13日，致天津孙宝琦函："汉冶萍事明明是孙逸仙与三井订立契约，逼公司承认"，尚幸操纵得法，得以轻轻取消。"袁世凯犹以影响共和劝我勿即揭破。""项城实一世之雄，论其才识经验，断无其匹"。

5月20日，复郑观应函，称赞郑观应与张仲炤、庄得之组织招商局维持会，使之转危为安；并邀郑观应到日本与之畅叙，郑未往。

6月7日，致郑观应函，商量出售招商局事，说如能做到每股二百两，必当厚赠。

7月15日，致孙宝琦函，说袁世凯为自己保护财产，并保全汉冶萍公司、轮船招商局。

8月16日，袁世凯政府拟收招商局归国有，实际上仍是夺盛宣怀所控制的局权。盛于本日致函郑观应，要他联合粤股并会合各省股东"为阋墙御侮之计"，以反对袁政府的国有企图。

8月18日，致上海张仲炤函，主张招商局先设股东清算所，结成团体，自行组织，以期做到旧局翻新，不售不租，而坐得八百万新股票。他认为这样做，不数年必又大获其利。

9月5日，为了对付袁世凯将招商局收归国有的计谋，必须"暂设股东维持会"以为过渡。"鄙见招商局一日有股东，即当一日有董事；

而董事一日不完全，即当有股东维持会以协助之"。

9月7日，致上海吕幼舲函："现今孙、袁交合，心绪较宁。"孙中山于铁路甚主国有，"至于借款，则但求脱胎前作而不可得"。

9月9日，孙中山应袁世凯之邀于8月24日抵京。是日孙被特授为筹划全国铁路全权。

9月19日，致孙宝琦函："闻孙中山总理各省铁路，"其政策与下走不谋而合。惟其念太奢，恐更无骤"。

9月29日，致孙中山函称："大驾到京，宏议铁道，所到之处，实业发达，尤为文明之代表。"

10月，自日本回到上海。在日本期间，除关注所办实业之外，对于文化事业仍一如既往地热心，除自己在日本市肆购书外，还先交妥便者携二万日元交给寓居上海的赵凤昌，说接得收到款项的复信后，再寄交二万元，"大约以四万元为度，专买未见之书"，准备将这些书置于刚办成的上海图书馆。

11月30日，致吕幼舲函："弟一年流离，归国后田园荒芜，家产损失。人欠我者，无可讨索；我欠人者，刻不容缓。所谓穷得不干不净。"

1913 年

2月18日，致吴蔚若函："归国后故园独处，书画自娱，如梦初醒，不欲知秦汉以后事。惟民穷财尽，实业如航业、铁业已成之局，似不难于保守。乃因董事不得其人，内外交讧；股东散处四方，每届开会，到者甚稀。西人目为自弃权利。大约官僚附股，讳莫如深！"

同日，汉冶萍公司召开特别股东大会，被选为总理，会后又被选为董事会会长（此前公司董事长为赵凤昌）。

3月30日，致民报馆向撝甫函："弟与中山先生情谊甚好，旧事不宜重提，务祈格外留意"。

4月22日，致梁启超函："汉冶萍中日合办，非由弟主，而实由弟挽救。近已有人代为昭雪"，说这是"颇类强迫，不得已辞总理仍为董事（会长）"。但因重病，会长事务，常由王存善代理。

5月11日，复郑观应函：阁下系招商局"创始伟人"，能仍入董事会方于大局有益。"因董事非正大光明热心熟手，难期收效"，故极力帮助郑当选，当郑当选董事缺少权数时，立即送上四百三十权。

6月20日，致孙宝琦函："招商局为一班粤人盘踞其中，终难整顿"。"闻各股东以鄙人老马识途，欲举会长"。果然如此的话，"拟推泗州为长，吾为次"。

6月22日，招商局召开股东大会选举董事会，杨士琦为会长，盛副之。郑观应亦当选为董事。这样，既平衡了与袁世凯的关系，也缓和了与粤帮的矛盾。

7月，"二次革命"爆发。盛迫切希望革命军速败，袁世凯军速胜。自己暂时避居青岛，对于汉冶萍公司、轮船招商局"暗中主持"，以期"保全万一"。

1914 年

1月，拟招商局股东致董事会函：自甲申年（1884）起至癸卯年（1903）止，余利及房产、轮船、地产等，不下二千万两之数。至辛亥以后仅有一千六七百万两，遭时多故，生业萧条，固时势之适然，"亦未尝非经理者之未能尽善也"。矛头所指是清楚的，那就是主要由于北洋经营之未善。

9月26日，致外交总长孙宝琦函，要他警惕日本侵略。第一次世界大战爆发，日本对德宣战，乘机向属德国势力范围的山东进军。乃告孙云："惟望欧战早停，中立不致败坏。近邻不怀好意，触之即动，似宜小心。"对于日本控制的汉冶萍公司，提出"以外债图扩充，以铁价还日款，以轨价充经费"的方针。

是年，同意股东、董事们提出的官商合办汉冶萍公司的意见，并积极进行，但由于日本帝国主义干预，坚持汉冶萍"中日合办"，而未能成功。

1915 年

1 月，日本帝国主义向袁世凯政府提出灭亡中国的"二十一条"，其中第三号规定："汉冶萍公司中日合办，附近矿山未经公司同意不准他人开采"。名为"中日合办"，实为日本独占，以实现它多年处心积虑吞并汉冶萍公司的阴谋。

3 月 6 日，正金银行驻北京董事小田切万寿之助电告盛宣怀，"中日合办"汉冶萍公司，对盛氏说"所享之益尤大"，以为引诱，力请盛同意。

3 月 28 日，复小田切：以股东们反对"中日合办"和"各国效尤"为理由，拒绝名为"中日合办"汉冶萍公司实为吞并的妄图。

春夏间，为了既不"中日合办"，又能把汉冶萍维持下来，允通过由梁士诒、孙多森所办"通惠实业公司"出面发行实业债票等办法，维持汉冶萍公司。

11 月 24 日，正金银行上海分行经理儿玉来函："日本绝不能承认贵公司与通惠公司结成关系"。

12 月 12 日，致函孙宝琦：坚信借内债"只要所借者不是外人间接、息率轻，彼（指日本）断无阻挠之理"。盛宣怀斩钉截铁地答复儿玉说，通惠公司"果有此能力（筹款），则汉冶萍必当签字"，以借通惠公司之款。

冬，病益重，不能起床，也不能管事。

1916 年

4 月 27 日，在上海病逝。终年 73 岁。

图书在版编目（CIP）数据

盛宣怀与晚清招商局和电报局 / 盛承懋著. -- 北京：
社会科学文献出版社，2018.12
（招商局文库. 研究丛刊）
ISBN 978 - 7 - 5201 - 3710 - 2

Ⅰ.①盛… Ⅱ.①盛… Ⅲ.①轮船招商局 - 研究 - 中
国 - 清后期 ②电报局 - 研究 - 中国 - 清后期 ③盛宣怀（
1844 - 1916）- 生平事迹 Ⅳ.①F552.9 ②F632.9 ③K825.3

中国版本图书馆 CIP 数据核字（2018）第 240337 号

招商局文库·研究丛刊

盛宣怀与晚清招商局和电报局

著　　者 / 盛承懋

出 版 人 / 谢寿光
项目统筹 / 宋荣欣
责任编辑 / 赵　晨　宋　超

出　　版 / 社会科学文献出版社·近代史编辑室（010）59367256
　　　　　地址：北京市北三环中路甲 29 号院华龙大厦　邮编：100029
　　　　　网址：www. ssap. com. cn
发　　行 / 市场营销中心（010）59367081　59367083
印　　装 / 三河市东方印刷有限公司

规　　格 / 开本：787mm × 1092mm　1/16
　　　　　印 张：16　字 数：193 千字
版　　次 / 2018 年 12 月第 1 版　2018 年 12 月第 1 次印刷
书　　号 / ISBN 978 - 7 - 5201 - 3710 - 2
定　　价 / 98.00 元